汉语游戏

【中国民俗文化丛书】

刘魁立 张旭 主编
李军伟 著

中国社会出版社

图书在版编目（CIP）数据

汉语游戏／李军伟著．—北京：
中国社会出版社，2008.2
（中国民俗文化丛书／刘魁立，张旭主编）
ISBN 978-7-5087-2136-1

Ⅰ．汉…　Ⅱ．李…　Ⅲ．汉语—通俗读物
Ⅳ．H1-49

中国版本图书馆CIP数据核字（2008）第015594号

丛 书 名：中国民俗文化丛书
丛书主编：刘魁立　张　旭
全案策划：李春园
书　　名：汉语游戏
著　　者：李军伟
责任编辑：李春园
出版发行：中国社会出版社　邮政编码：100032
通联方法：北京市西城区二龙路甲33号新龙大厦
电　话：（010）66080300　（010）66083600
（010）66085300　（010）66063678
邮购部：（010）66060275　电　传：（010）66051713
编辑室：（010）66060097
网　　址：www.shcbs.com.cn
经　　销：各地新华书店
印刷装订：北京市优美印刷有限责任公司
开　　本：155mm×225mm　16开
印　　张：11.75
字　　数：150千字
版　　次：2011年4月第3版
印　　次：2014年9月第6次印刷
定　　价：19.80元

序

中国民俗学会理事长　　刘魁立

人生活于文化之中，正像人离不开空气一样。《周易》说："观乎天文，以察时变；观乎人文，以化成天下。"无论汉语"文化"一词是否由此而来，这段话至少说明，我们的祖先向来对文化的重要性有十分清楚和极其深刻的理解。文化确乎是人之所以成为人、人类之所以成为人类的根本标志。人创造了文化，文化也创造了人，从这个意义上也可以说，人是文化的动物。

从文化本身来说，相当长一段历史时期的传统文化可以粗略地、也是相对地划分为两大分流，即所谓上层文化（或称高层文化、雅文化、精致文化……）和下层文化（或称基层文化、底层文化、低层文化、民间文化）。

民间文化是人民群众创造的最古老的文化，因为它的根源可以追溯到人类发展的初始阶段；民间文化同时也是最年轻的文化，因为它仍然活生生地存在于人民的日常生活和口碑之中。民间文化还是整个社会文化的基础，并且具有极强的生命力。上层文化往往是对民间文化选择、改造和精致化的结果。

民间文学、民间艺术是民间文化中最富色彩的一个组成部分。它在人类创造的一切艺术中，生命最活跃，涉及最广泛。它以古朴纯真的艺术手段，反映着人民群众的现实生活、理想和追求。它的无数珍品，是当之无愧的美的典范。没有了它，人类将失去多少童真的回忆；没有了它，人类的爱祖国、爱家乡将会缺少多少实际可感的具体内容；没有了它，人类的欢乐、悲伤也将变得干枯而平淡；没有了它，人类将会失掉多少生活的甘美和幽默……

万家社区图书室援建和万家社区读书活动，是建设社会主义文化和建设社会主义新农村的一项战略举措。我们，作为受到农民兄弟哺育和培养的知识界、文化界，有义务用学来的知识回报衣我食我的父老乡亲，这不仅是我们的社会责任，也是我们的荣耀。

中国民俗学会在这项重要活动中，承担有关中国民间传统文化的约50种图书的撰写工作，我们组织了学养很高的，包括大批教授、研究员在内的专家队伍，来完成此项写作任务。他们在相关领域里，学有所长，业有专攻，所有作者都以光荣志愿者的精神，以科学严谨的态度，用生动活泼的文字，把相关的准确而丰富的知识，呈献给农民兄弟和城镇社区的读者。完成这项具有重要意义的写作编书任务，是我们人生当中一件值得骄傲、值得自豪的事情。

中国民间文化是世世代代锤炼和传承的传统文化，其中凝聚着民族的性格、民族的精神、民族的真善美，是中华民族彼此认同的标志，是祖国同胞沟通情感的纽带。历史悠久、内涵丰富的传统文化也是我们中华民族对人类文化多样性发展的巨大贡献。急剧变化的时代在淘洗着传统的民间文化。在当今时代，我们尤其有必要对我们丰富淳厚、历史悠远的民俗传统立此存照，将其中的优秀部分及其真谛展示给广大民众，使他们对中华大地、对祖国同胞、对优秀的文化传统和淳厚的民俗民风怀有更深刻的眷恋、热爱和崇敬。继承和发扬中华民族创造的非常丰富而优秀的非物质文化遗产和民族精神，是我们的幸事，也是我们的历史责任。

我希望在大家的共同努力下，民间文化之花越开越鲜艳，为我们祖国、为我们中华民族赢得一个永恒的春天。

目录

第一章 灯谜

灯谜探源

灯谜，原先就是谜语，由于上了灯供人猜射，后人始称之为“灯谜”。现在虽然不一定上灯了，人们仍旧管它叫灯谜。如欲探灯谜之源，还须从谜语谈起。

谜语从它的作者来分，可分为民间谜语和文人谜语。民间谜语也就是群众创作的谜语。群众创作的谜语一般都是口头创作，在长期流传过程中，不断地演变，便成为集体创作了。文人谜语产生的年代远远晚于民间谜语。文人谜语，有的是文人自己创作，有的则是文人根据民间谜语加工改写的。其词句比较文雅，一比较就可以看出来。

谜语的形式，无论民间谜语也好，文人谜语也好，它的谜面都是运用诗的形式，有四言的，有五言的，更多的是七言的。对于它的艺术特点，《文心雕龙》作过专题论述。其中写道：“谜也者，回互其辞，使昏迷也。或体目文字，或图像品物，纤巧以弄思，浅察以炫辞，义欲婉而正，辞欲隐而显。”刘勰的这段话，准确地揭示了谜语的奥秘所在。它对今天的灯谜创作，同样还具有指导意义。所谓“回互其辞”，是指谜语的谜面，不能说得明白如话，必须纡回曲折，使人迷惑，才能引起人们猜射的兴趣。所谓“体目文字，图像品物”，是指谜底猜射的范围，既有字谜又有物谜。所谓“义欲婉而正，辞欲隐而显”，这是成谜的要诀。谜面的措辞既要求委婉隐约，但是又必须能紧紧地扣合谜底，使猜射者经过苦思冥想后恍然大悟，一箭中的。一则谜语，令人一望便知其底的，当然不是好谜，使人百思不得其解的，也不能算是好谜。显而不隐，不行；隐而不显，也不行。“婉而正”、“隐而显”，正揭示了谜面与谜底之间的辩证关系。

如上所述，谜语的面必须是诗的形式，要有具体的猜射对象，并规定猜射的范围。谜语的艺术特点，要“婉而正”、“隐而显”，要“回互其辞，使昏迷也”。也就是说，谜语必须运用双关的语言，隐意的手法，把谜面意思写得纡回曲折，启人联想，发人深思，然后达到引人入胜的目的。总之，谜语必须具备上述这些特点，才能算是谜语。

谜语最早产生的年代，已无从查考，因为民间谜语大多为口头创作，缺乏文字记载。根据现有的资料，最早见之于书传的，是南朝宋鲍照的《鲍参军集》的三则《字谜》。其中井字谜云：

二形一体，四支八头。
五八一八，飞泉仰流。

这则谜据宋程大昌《演繁露》的解释是：“一八者，井字八角也；五八拆井字而四之，则其为十者四也，四十即五八也，又四十、八个头；飞泉仰流，垂绠取水而上之，故曰仰流。”这则谜，用拆字（离合）兼会意法，写出了“井”字的形体和它的特征。

《魏书·咸阳王禧传》中也载有一段有关咸阳王与龙虎猜谜的故事：北朝北魏献文帝之子咸阳王拓跋禧因谋反事败，被官兵到处追捕。拓跋禧从洪池向东南奔逃，跟随他左右的只有少数几个人了。拓跋禧对兼防阁尹龙虎说：“我心中忧虑，请作个谜语猜猜，以解烦闷。”龙虎忽然想起一个旧谜，说：

眠则俱眠，起则俱起。
贪如豺狼，赃不入已。

拓跋禧猜道：这是“眼睛”。而龙虎说谜底是“箸”（筷子）。这可说是最早见于书传的物谜了。

以上两则谜语，一则是字谜，一则是物谜，谜面是诗，诗中有谜，谜史上最早出现的谜语，就是与诗歌紧密联结在一起的。

唐代，文人之间也经常进行猜谜活动。段成式《庐陵官下记》中载有一则曹著与客人相互猜谜的故事：一天，有位客人做了一则谜语给曹著猜：

一物坐也坐，卧也坐，立也坐，行也坐。

曹著已知道他的谜底，却不予道破，而是回了客人一则谜：

一物坐也卧，立也卧，行也卧，卧也卧。

客人听了，瞪着眼答不出来。曹著说：“我的谜可以吞下你的谜！”客人点头笑了。原来客人做的谜是青蛙，曹著做的谜是蛇。

唐诗人苏颞有一首咏“尹”字的诗：

丑虽有足，甲不全身。
见君无口，知伊少人。

这首诗语带双关，颇具风趣，可说是一则很好的字谜。

以上这些从书本上抄录下来的，都是文人谜语，但是还有更多的群众创作的谜语，在民间广泛流传着，有待于我们搜集整理成书。正是这些民间谜语，语言通俗，富有民间色彩，最受群众欢迎。它比起文人创作的谜语来，就思想性方面来说都强得多；就艺术性方面来说也并不逊色，有些甚至更为形象、生动。如：

少年青青到老黄，十分拷打结成双。
送君千里终须别，弃旧恋新掷路旁。

这是一则“草鞋”谜，读起来却像一首哀怨动人的抒情诗。它深刻揭露了封建礼教对劳动妇女残酷迫害的社会现实。又如：

想当初绿鬓婆娑，自入郎手，青少黄多。
走遍了五湖四海，历尽了多少风波。
莫提起，提起来珠泪洒江河。

这是一则“船篙”谜，如果就内容来看，还是一首反映封建社会劳动妇女悲惨命运的好诗。

民间谜语，大量的是事物谜，但也有少数的文字谜。下列一则是“八”字谜：

一对鸳鸯一齐飞，一只瘦来一只肥。
一年只是飞一次，一月却有三次飞。

前两句把“八”字的左撇和右捺比喻成一对齐飞的鸳鸯，一瘦一肥，想象奇特，形象生动。第三句指一年只有一个“八”月，第四句则指一月之中，八日、十八日、二十八日，三次出现“八”字。可是说成“飞一次”、“三次飞”，十分有趣！

综观以上收录的谜语，不论是文人创作的谜语，还是民间谜语，都具有诗的形式，特别是民间谜语，民歌的色彩更为浓郁，我们再选读几首古代的民歌民谣，两相对照一下，就不难发现它们之间的渊源关系。

相传产生于黄帝时代反映古代人民猎狩生活的那首《弹歌》：

断竹，续竹；飞土，逐（肉）。

“断竹”，就是砍下竹子；“续竹”，就是把竹子系成弹弓，“飞土”就是弹出石块；“逐肉”，就是打死野兽。从歌词上看，并没有“弹弓”和“野兽”字样，但连起来一领会，不正是写我们的先民在制造弹弓、进行猎取野兽吗？这与谜语的制作方法多么相似啊！

又如《大戴礼》上所载的一首《衣铭》：

蚕桑苦，女工难，得新捐故后必寒。

这首《衣铭》，实际上是一则诗谜。它写女工经过艰苦的劳动，养蚕、种桑，纺织成衣，用以御寒。但诗中并没有提到“衣”字，这可说是谜语的雏形。

东汉末年流传着一首诅咒董卓的童谣：

千里草，何青青！十日卜，不得生。

“千里草”隐“董”字，“十日卜”隐“卓”字，“不得生”意即必定灭亡。合起来就是“董卓必亡”的意思。它用的就是今天灯谜中的拆字法（离合体）与会意法。

《古诗源》中收有一首古绝句：

藁砧今何在？山上复有山。
何当大刀头？破镜飞上天。

“藁砧”隐“铁”（铡刀），谐音为“夫”字；“山上复有山”指“出”字；“大刀头”隐“环”，谐音为“还”字；“破镜”喻“残月”；合起来的意思是：“丈夫在何处？尚未有归期。何日可归来？须待月缺时。”这首民歌，更像一则谜语，谐音、拆字、象形、会意等各种制谜手法都运用上了。

谜语源于古民歌民谣的说法，完全合乎历史，合乎逻辑。当然，古民歌民谣还不是谜语，更不等于谜语。谜语的产生、形成，有一个长期的渐变过程。它虽与古民歌民谣有直接的渊源关系，但在发展过程中，也是吸收了其他文艺样式的艺术特点而逐渐形成的。

谜语的产生与形成

谜语的产生与形成，是经历了一段漫长的历史过程的。民间谜语与民歌民谣一样，都是群众的集体口头创作。它们来自民间，富有人民性。民歌民谣的目的在于赞美和讽刺，而民间谜语，一般只是为了斗智逗趣而已，两者目的不同。后来文人也参与了谜语创作，他们继承了古民歌民谣和民间谜语的制作特点，同时又自觉或不自觉地吸收了古代隐语、离合体诗等的艺术手法，从而形成了一种独立的文艺样式。文人谜语与民间谜语，互相交融，互相借鉴，既有相同之处，又有各自特色，两者在谜史上是并行不悖的。

什么叫隐语呢？据《文心雕龙》的解释是：“遁辞以隐意，谲譬以指事也。”也就是说，运用闪烁的言辞和诡异的比喻以达到“隐意”、“指事”的目的。《文心雕龙》里还列举了古书中许多关于隐语的事例，其中“喻眢井而称麦曲”，“伍举刺荆王以大鸟”两则，较为典型，特从《左传》、《史记》原书中抄录全文如下：

喻眢井而称麦曲（《左传·宣公十二年》）

楚子伐萧，……还无社（萧大夫）与司马卯言，号申叔展（二人皆楚大夫）。叔展曰：“有麦曲乎？”曰：“无。”“有山鞠穷乎？”曰：“无。”（麦曲、山鞠穷均可御湿，欲使还无社逃入水中）“河鱼腹疾奈何？”曰：“目于眢井（枯井）而拯之。”“若为茅绖，哭井则已。”明日萧溃，申叔视其井，则茅绖存焉，号而出之。

伍举刺荆王以大鸟（《史记·楚世家》）

庄王即位三年，不出号令，日夜为乐，令国中曰：“敢谏者死。”伍举入谏，……曰：“愿有进隐，曰：有鸟在于阜，三年不蜚（飞）不鸣，是何鸟也？”庄王曰：“三年不蜚（飞），蜚（飞）将冲天；三年不鸣，鸣将惊人。举退矣，吾知之矣！”

第一个故事，写萧大夫还无社通过司马卯求救于申叔展。因在军中，申叔展不能明言，只能用隐语告知对方，叫他逃避在废井之中，并放上茅绖作为标志，待机再救上他。

第二个故事，写楚庄王耽于淫乐，三年不出号令，而又拒绝纳谏，敢谏者必处以死刑。伍举只得用大鸟作比喻进行讽谏。

上述两个故事，一个用隐语救人，一个用隐语谏人，用的都是借代和暗喻手法。尽管隐语这种对话式的散文，与后来的谜语形式，毫无相似之处，但它的那种喻物讽人、隐言指事的艺术手法，对于事物谜的形成有一定的影响。正像《文心雕龙》所指出的：“自魏代以来，颇非俳优，而君子嘲隐，化为谜语。”谜语直至魏代以后才逐渐形成，这个论断应该是可信的。

离合体诗始于东汉，以孔融的《郡姓名字诗》最为有名。

渔父屈节，水潜匿方；与时进止，出寺弛张。（渔离水，鱼字；时离寺，日字；合为鲁字）

吕公矶钓，阖口渭旁；九域有圣，无土不王。（吕离口，口字；

域离土，或字；合为國字）

好是正直，女固子臧；海外有截，隼逝鹰扬。（好离女，子字；截离隼，乚字；舍为孔字）

六翮将奋，羽仪未彰；龙蛇之蛰，俾它可忘。（翮离羽，鬲字；蛇离它，虫字；舍为融字）

玟璇隐曜，美玉韬光。（玟离玉，文字。）

无名无誉，放言深藏；按辔安行，谁谓路长。（誉离言，值付與字；按离安，扌字；合为擧字。）

六个字连起来读，即是“鲁国孔融文举”（孔融字文举）。所谓“离合”，是离去某个字的一部分，把剩下的部分与另一个字离后剩下的部分组合成一个新字。这种离合手法，对字谜的产生和形成的确起了催生作用。但这种离合手法还多疏漏不足之处，如所离之字，无固定的位置，也无一定的准则，诗中的闲字亦嫌太多。

相传出于东汉大文学家蔡邕之手的曹娥碑阴题字：“黄绢、幼妇，外孙、齑臼”八个字，有人把它奉为谜中圭臬，其实它亦只是运用离合手法的隐语而已。

曹娥，浙江省上虞县人，年方14，其父曹盱因迎水神而淹没于江中。曹娥沿江呼号连续17日寻父尸不得，遂投江自尽。上虞令度尚感其孝，立碑以记之。碑文系度尚弟子邯郸淳所作，文采斐然，时人称颂。蔡邕过上虞，夜读碑文，读后在碑阴题了以上八个字。后来曹操与杨修过此，读了碑阴题字，被杨修首先解得。《世说新语》记述其事甚详，全文录之如下：

魏武尝过曹娥碑下，杨修从。碑背上见题字，魏武谓修曰：“解不?”答曰：“解。”魏武曰：“卿未可言，待我思之。”行卅里，魏武乃曰：“我已得。”令修别记所知。修曰：“黄绢，色丝也，于字为绝。幼妇，少女也，于字为妙。外孙，女子也，于字为好。齑臼，受辛也，于字为辤（古辞字），所谓绝妙好辞也。”

刘孝标注《世说新语》时，在原文下指出：“曹娥碑在会稽中，而魏武、杨修未尝过江”，对这个故事的真实性表示怀疑。以后又有人认为碑阴所题字，并非出于蔡邕之手。这些虽皆言之凿凿，因与本文主旨无关，这里姑不予论列。但是碑阴这八个字，无论在面句的组合上，或在离合方法的处理上，的确都较之离合体诗近似乎字谜。之所以还不能称之为谜，主要由于它的面句并不能连续成文，不符合谜语的要求。在这时期，字谜这种特殊的文艺样式正在孕育之中，还未成形。当时所有书籍上都未出现过“谜”字（《说文解字》上的“谜”字，是宋徐铉重加刊定时，作为新附字补上去的），“至鲍参军集之‘井’、‘龟’、‘土’三诗，始以字谜名其篇。‘谜’字之见于书，莫先乎此矣。”（见钱南扬《谜史》）鲍照的“井”、“龟”、“土”三谜，该是字谜之滥觞。

鲍照之后，自唐至宋，谜风渐盛，文人时多制作，并常以谜作为互相斗智逗趣的手段。宋王安石也作过好多则字谜，他的“日”字谜，至今还在民间流传：“画时圆，写时方。冬时短，夏时长。”（见宋彭乘《续墨客挥犀》）《东坡问答录》还记载有一段苏东坡与佛印猜谜逗趣的故事：佛印作了一则木匠用的墨斗谜给东坡猜：“我有两间房，一间赁与转轮王。有时放出一线路，天下邪魔不敢当。”苏东坡亦回他一则墨斗谜：“我有一张琴，一条琴弦藏在腹。有时将来马上弹，弹尽天下无声曲。”一次，佛印拿着250文铜钱放在苏东坡面前，请苏东坡猜这个谜，苏东坡沉思片刻后答道：“一钱有四字，二百五十个钱，乃一千个字，莫非千字文谜乎？”《千字文》是书名，竟被他一语中的。这还是一则物谜呢！这些谜虽然都出于文人之手，用的却是白描手法，通俗易懂，颇似民间谜语。王安石另两则贺、资字谜：“目字加两点，不作贝字猜，贝字欠两点，不作目字猜。”也是如此。

从谜语到灯谜

从谜语到灯谜，又有一段渐变的过程。民间谜语是群众创作，通过口头讲述，从而在民间广为传播。因为过去群众识字者不多，所以民间谜语，大都是物谜，特少字谜。到了宋代，文人（特别是诗人）相继仿效炮制。据明郎瑛《七修类稿》载：无名氏《千文虎·序》云："东坡、山谷、秦少游、王安石，辅以隐字唱和者甚众，刊集四册，曰《文戏集》。"可惜《文戏集》现已失传。苏东坡、王安石的谜语已在上一节中有所介绍。黄山谷《同心》词中有句云："你共人女字边干，争知吾门里挑心。"秦少游《赠陶心儿》词云："天外一钩残月带三星。"这些虽是词句，若摘取它们作为谜面，都已近似乎我们今天所作的灯谜了。

两宋时期，由于当时商品经济的发展，市民阶层的兴起，谜语活动也由文人之间的互相猜射，转而面向民间，群众性的猜射谜语活动也经常开展起来。据宋孟元老《东京梦华录》卷六"元宵"载："正月十五日元宵，大内前，自岁前冬至后，开封府绞缚山棚，立木正对宣德楼。游人已集，御街两廊下，奇术异能，歌舞百戏，鳞鳞相切，乐声嘈杂十余里，……其余卖药、卖卜、沙书、地谜，奇巧百端，日新耳目。"卷五"京瓦伎艺"又云："崇观以来，在京瓦肆伎艺，有……毛详、霍百丑商谜……张山人说诨话。"该书是作者于宋南渡后追忆汴京（今开封市）的繁华景象而写的。诸凡都城胜迹、坊市盛况，节序习俗、民间活动无不备载。可见北宋后期，猜谜已成为民间一种盛行的文娱活动了。特别是南宋都城临安（今杭州市），元宵灯市更为热闹。春灯上粘挂谜条以供游人猜射。宋周密的《武林旧事》就有"以绢灯剪写诗词，时寓讥笑，及画人物，藏头隐语，及旧京诨语，戏弄行人"的记载。耐得翁在《都城纪胜》中说："商灯用鼓板吹《贺圣朝》，聚人猜诗谜、字谜、戾谜、社谜。"这项在节日悬灯猜谜的活动，沿至明、清、民国，一直盛行不衰。明田汝成在《西湖游览志余》卷二十"熙朝乐事"中，写到嘉靖年间杭州灯市情景时说："正月十五日为上元节，前后张灯五夜。……好事者或为藏头诗句，任人商揣，谓之猜灯。"他在同书卷二十五“委巷丛谈”中又说：“杭人元夕多以此为猜灯，任人商略。永乐初，钱塘杨景言以善谜名；成祖时，重语禁，召景言入直，以备顾问。今海内佳谜甚多，不独杭州有也。”可见当时灯谜活动已盛行于全国，在民间还出了谜语专家呢。

据上所述，可知悬谜于灯供人猜射，乃始于北宋末期而盛于南宋。从此之后，谜与灯便结成了不解之缘。因而称猜谜为猜灯，称商谜为商灯，不过当时还没有“灯谜”这个名称。灯谜之名见之于记载大概始于明代。明张岱《陶庵梦忆》记绍兴灯市盛况时说：“于十字街搭木棚，挂大灯一，俗曰‘呆灯’，画四书、《千家诗》故事，或写灯谜，环立而猜射之。”《江震记》一书中亦有类似的记载：“好事者或为藏头诗句，任人商揣，谓之灯谜。”后人所以称谜语为灯谜，固然与谜语悬灯猜射有关，更主要的是由于谜语自从上灯以后，它的内容与形式都起了变化，从原来的谜语中分化出来，自成为一种独特的文艺形式——灯谜。谜语原分民间谜语和文人谜语。民间谜语以事物谜为主，文人谜语以字谜为多。谜语悬灯猜射后，作为口头创作的民间谜语则无法上灯，故灯谜几乎绝大多数都出于文人之手。由于灯谜创作的迅速发展，他们便在字谜的基础上扩大了谜材的范围，于是物名谜、人名谜、诗词句谜以及用四书五经中句子为底的谜便应运而生了。同时谜面也渐趋精练、简短，以诗为面的谜逐渐少见，最常见的是用一句诗句为谜面。《千文虎·序》中称它为“独脚虎”。有的甚至以一个词（二字）或一个字为谜面。相传是徐渭所作的谜：“佯”，射《孟子》二句“何可废也，以羊易之”，便是一例。

灯谜的物名谜，与谜语的物谜，在制作方法上完全不同。例如同样以果名“花生”为谜底，谜语则以“花生”的外形、特征成谜。谜面如下：

爸爸麻脸，妈妈红脸，生个儿子白脸。

灯谜则以“花生”的字义成谜（有的则以分拆字形成谜）。谜面如下：

木兰之子

“木兰”隐“木兰从军”的“木兰”。木兰姓花，木兰之子，就是“花”所“生”了。

又如：同样是“篙”（撑船的竹篙）谜，物谜的谜面如下：

想当初绿鬓婆娑，
自入郎手，青少黄多。
走遍了五湖四海，
历尽了多少风波。
莫提起，提起来珠泪洒江河！

另一则以“篙”为谜底的灯谜，则是分拆“篙”字的字形成谜。谜面如下：

都是顶天立地人

首先将谜底“篙”字分拆成“个个高”，谜面“顶天立地人”，其高可知，“都是”二字，则紧扣“个个”。

这就是文义谜的灯谜与事物谜的民间谜语的明显区别。

制作灯谜的艺术手法

灯谜虽不同于谜语，两者仍有相通之处，它们都是由谜面和谜底两部分组成的。一则谜语，从猜射者角度来说，总是从谜面着手进行揣摩、推敲，然后射中谜底。若从制作者角度来说，则须先选好谜材，确定谜底，然后根据谜底设计谜面。简言之，猜射者必须从面到底，制谜者则须从底到面（一般情况都是如此，当然也有例外）。

选取谜材，正像画家写生、摄影师拍外景一样，不是任何一花一木都可取之入画、任何一山一水都可摄入镜头，对眼前的题材必须有所选择。有的题材本身就难以成谜，有的题材猜众不熟悉，就是能成谜，也不会很受猜众欢迎。选好了谜材，确定了谜底，就要配制谜面。配面是制谜过程中的一道重要工序。能否制成佳谜，这道工序是关键。清末民初的著名谜家张起南说得对："谜之雅俗工拙，全在择面。"他又说："谜之表面不佳者，内容亦不足观，如西子不洁，人皆掩鼻。"

灯谜虽系小道，但近年来异军突起，已成为艺苑中的一朵奇葩，且日益受到文艺界特别是民间文艺家的重视，对它进行深入探讨和研究。灯谜是一项文学性、艺术性、知识性、趣味性很强的文艺作品，要制作一则灯谜，固然并不太难，但要制成一则既能引人入胜，又能令人回味无穷的佳谜，则确非易事。一位优秀的灯谜作者，他必须具有一定的文学修养和广泛的各方面的知识，更须习知制谜的各种艺术手法并能熟练地加以运用。

制谜的艺术手法简称为谜法，它主要分三大类：会意法、拆字法、象形法（也有人称之为体）。另外还有许多辅助谜法：属于词句修辞方面的有别解法、双关法；属于底面扣合方面的有正扣法、反扣法、分扣法；属于句意启承方面的有承上法、启下法，等等。这些谜法，总是辅助、配合会意、拆字、象形三大类谜法一起使用，特别是会意法，经常借助这些谜法配制谜面以成谜。兹特分类予以说明。

会意法

会意法是一种最常用的谜法，谜家们都喜欢采用。运用会意法制谜，首先要对所选好用作谜底的谜材，进行细心的思考和揣摩，除了它的本义外，看它是否还可作另种解释。然后，选用适合于这种谜材的艺术手法进行配面。选用不同的艺术手法，就将产生不同的艺术效果。举例介绍如下：

例如："松涛"，射欧阳修《秋声赋》一句"声在树间"；"一枕黄粱再现"，射成语"重温旧梦"；"孤篷万里征"，射影名《汪洋中的一条船》；"萍水相逢，尽是他乡之客"，射影名《陌生的朋友》。

以上四则谜的谜面，有的是词语，有的是诗句，有的是文句，面和底都无别解，这些都是用正面会意法扣合谜底，既确切而又有谜趣。这是会意法的正体，也有人称之为正扣法。

又如：“无赖子”，射“不重生男重生女”，“以辫子功克敌”，射成语“后发制人”、“壮丽”，射成语“成人之美”。以上三则谜，都是运用词句的意义来扣合谜底，但它们都是借助别解法成谜。第一例的谜面“无赖子”，原指那些游手好闲、不务正业的人，现在被别解成“不依赖儿子”的意思，这是谜面别解。第二例的谜底，被别解成“用脑后的辫发制服他人”，这是谜底别解。第三例谜面中的“壮”字，被别解成“壮年”，谜底被别解成“成年人的美丽”，这样，底和面的意思就能紧紧相扣，这是底、面都别解。别解法是专对现成的词或句的原意予以别解的一种制谜手法。其他谜法只能起作用于谜面，而别解法则不同，它既可别解谜面，也可别解谜底。

又如：“春色满园望夜景”，射成语“花好月圆”。这则谜的谜面是谜作者自撰的，其中“望”字，可作“观看”解，也可作“十五”解。谜作者有意“回互其辞”以收到“使昏迷也”的艺术效果，这便是双关法的作用。同时，谜面以“春色满园”扣“花好”，以“望夜景”（十五之夜的景色）扣“月圆”，这又是分扣法的运用。

又如：“胜境”，射成语“不败之地”。“胜”别解为“胜利”之“胜”，反其意而用之，紧扣“不败之地”，这是反扣法。“不禽二毛”（禽通擒）射影名《抓壮丁》。谜面语出《左传·僖公二十二年》，宋襄公与楚师战于泓水，不听大司马子鱼之谏，因而大败。他自我辩解说：“君子不重伤，不禽二毛。”指头发斑白的人，不擒头发斑白的老年人，那就该要“抓壮丁”了。这是反扣法的又一例。

又如：“笑问客从何处来”，射“生小不相识”。面句出自贺知章《回乡偶书》诗，上句是“儿童相见不相识”，上下句连起来一揣摩，谜底就自然出来了，这便是承上法。

又如："却嫌脂粉污颜色"，射绘画用语"素描"。唐张祜有《集灵台》诗："虢国夫人承主恩，平明骑马入宫门。却嫌脂粉污颜色，淡扫蛾眉朝至尊。"谜作者选取其中第三句为面，带动下句中的"淡扫蛾眉"，从而紧扣谜底，这便是启下法。

凡用作承上法或启下法的诗句，它的上下句的句意必须连贯，能起承上启下作用的方可。

拆字法

所谓拆字法，是将谜面中的某些关键性的字的构体分拆后重新予以组合，用以扣合谜底。或者，通过谜面的设计，将谜底的字加以分拆组合，使底、面互相扣合。这种谜法，也有人称之为离合法，因为过去那些离合体诗的离合方法，对后来的字谜特别是今天的灯谜的制作，的确起有借鉴的作用。不过离合体诗的离合方法毫无规律可循，且诗句中的闲字很多，不能作为谜语猜射。我们称这种谜法为拆字法，一方面表示与过去离合体诗的离合法有区别；另一方面因为这个名称通俗，易为猜众所接受。下面列举几则拆字法的谜例。

例如："千里北归人独宿"，射"乘"字。这则谜的谜面是谜作者自撰的诗句，它描述一个远游者从千里之外归来，独宿在客寓之中。但作者运用了双关的语言，巧妙地将谜面解作"千"里归来一个"北"字，再加上一个"人"独宿其中，不就成为"乘"字了！另一则"平生知轻重"，射"禾"字。谜面中这个"生"字也是双关语，可作产生解。"平"字产生之后，与谜底"禾"字组合成"秤"字，便可"知轻重"了。又如"凶横"，射"区"字；"扁舟一叶横渡"，这两个"横"字也都是双关语。"凶"字横过来，便成"区"字，"叶"字横过来，便成"古"字。以上四则谜，都是借助双关法使字形变化，或者使字的构体分拆后重新组合以成谜，真个是谜味无穷，妙趣"横"生。

又如："秋千人杳月西斜"，射"炙"字；"绿树村边合"，射"綝"字。第一例面句系谜作者自撰。"秋千人杳"，原是"荡秋千的人不见了"的意思，现在把它顿读成"秋，千人杳"。"秋"字不见了"千、人"，剩下一个"火"字，再加上西斜之"月"，便成"炙"字。第二例面句出自唐孟浩然《过故人庄》诗，原意是"绿色的树在村边聚合"。现在把它顿读成"绿、树、村的偏旁合在一起"，"綝"字便跃然纸上了。以上两则谜，则是利用顿读使面句原意先起变化，然后按变义分拆字形扣底成谜，谜趣也就在这一顿之间油然而生。

又如："谢太傅东山再起"，射"础"字，这是一则运典的谜。晋谢安，字安石，人称谢太傅。"东山再起"即是谢安的典故。东边两座"山"叠起，安上"石"便成"础"字了。运典成谜，大多用于会意法，拆字法中较为少见，特举一例，冀能起到反三的作用。

又如："白玉无瑕"，射"皇"字；"比比皆是"，射"匕"字。以上两则谜都是以成语为面，它的成谜方法与上面几则以自撰句子为面的完全相同。但是这类谜，底面可以倒置，把它写成以"皇"射成语"白玉无瑕"，以"匕"射成语"比比皆是"同样是谜。而且，这样处理，反而可以因提高猜射难度而增加谜味。

象形法

这是一种利用字的构体象形而成谜的谜法。所谓象形亦只是近似而已，如："丶""丷"象形星星，"冫"象形泪珠，"⺌"象形流水，"灬"象形马蹄，"乚"象形眉月、扁舟，"一"象形横梁、平堤、芦草，"丨"象形枯木，"丰"象形远树，"冖"象形小桥，"人"象形大雁、雁阵，等等。其实象形的东西很多，不可能尽举。前人谜例中还有以"干"象形蜻蜓，以"亦"象形蝴蝶的。以下列举几则象形法的谜例。

例如："远树两行山倒影，轻舟一叶水平流"，射"慧"字。这是一则早已脍炙人口的佳谜，也可说是以象形法成谜的典型之作。谜作者首先将谜底“慧”字分拆成“丰丰”“ヨ”“乚”“⺗”四部分。“丰丰”象形“两行远树”，“ヨ”象形“山倒影”，“乚”象形“一叶轻舟”，“”象形“水平流”，然后配以面句。面句对仗工整，诗情画意浓郁，扣底又极其确切，令人赞叹不已。

又如：“一芦横渡雁双栖”，射“丛”字；“人”字，射影名“大雁北飞”。这两则谜都是以“人”象形大雁。相传北雁南归横渡黄河时，总是衔着一根芦苇，以便半途停下歇力。第一例谜底“丛”字，真像两只大雁停在芦茎上在水面漂浮着呢！第二例谜面的“人”字，不就像一只大雁正张翅向北飞去吗?

又如：“一钩残月带三星”，射“心”字；“行舟绿水前”也射“心”字。第一例谜面，截取宋秦观词句，以“一钩残月”扣“乚”，以“三星”扣“⺗”。第二例面句，出自唐王湾《次北固山下》诗，以“行舟”扣“乚”，以“绿水”扣“⺗”。两则谜的谜底都是“心”字，运用的也都是象形法，但不同的象形，却有不同的谜趣。

综观所举的谜例，会意法的谜是大量的。谜作者运用会意法制谜，经常在谜面上使用双关语言以增加谜趣；或者将谜底予以别解，以收到“使昏迷也”的艺术效果；有的谜面是一句诗，则运用承上启下法以引起人们的遐思和联想。……至于拆字法、象形法的谜，谜底一般都只是一个字，间或用二字的词语，范围既窄，谜材的选取也就较难。尽管如此，前代谜家还是创制出许多关于拆字法、象形法的好谜，近人也有不少佳作。

谜格的产生和作用

谜格是为灯谜而设的，有了灯谜才产生了谜格。谜格产生的具体年代，虽尚无更多更确切的资料可考，但据成书于明末清初的

《韵鹤轩笔谈》载，明扬州马苍山辑有“广陵十八格”，而考诸明代各家所作的谜，尚无用格之例，由此可以初步断定，谜格乃始创于明代季世。到了清代，顾禄在《清嘉录》中又提出了二十四格。两书所收列的谜格，其中有些属于谜法，有些格名相同，合计实际只是三十格。至民国初年，大兴张郁庭著《谜格释略》，收谜格二百有余。同昌韩英麟又广收博采，辑成《增广隐格释略》一书，共得四百零七格。谜格数如此激增，正是灯谜创作不断发展、日益繁荣的结果。

《增广隐格释略》所收的四百余格中，有的如藏头诗、射覆等，并非谜格，应予删除；有的格，名虽异而实相同，应予合并，剩下尚有一百零二格之多。在这一百零二格中，曾被谜家们采用过的，至多不超过四十格，而经常被运用的不过十数格而已。可见谜格之名虽多，而有实用价值的却并不多，有许多谜格，则是形同虚设。

谜格的作用，不同于谜法。谜法主要是作用于谜面，谜格的作用则是为了改造谜底。有些被选用作谜底的谜材，由于一字之差，一义之别，以致无法成谜，于是便借助谜格的作用加以改造，使无用或小用之材化为大有用之材。如果对谜格运用得好，有时还可以大大增加谜趣。我曾作过一则谜，以“东风不与周郎便”燕尾格射成语“金屋藏娇”。面句出自杜牧《赤壁》诗，下句是“铜雀春深锁二乔”。两句连起来的意思是，如果周瑜得不到东风之便，赤壁之战失败，二乔就要被俘深藏在铜雀台之中了。这样，“金屋藏娇”亦可扣合谜面。而我特意加了一个燕尾格，将谜底中的“娇”分为“乔女”二字，则谜面下句中的“二乔”就更加落实了。

谜格之改造谜底，主要是通过字形改变、字序倒置、字数增减、字音异读等方法来完成。

使字形改变的有：虾须格、燕尾格、蝇头格、蜓尾格、鼎足格、徐妃格、摘遍格，等等。

使字序倒置的有：卷帘格、秋千格、掉首格、掉尾格、上楼格、下楼格、双钩格，等等。

使字数增减的有：脱帽格、脱靴格、摘领格、折胫格、遗珠格、骊珠格，等等。

使字音异读的有：梨花格、白头格、粉底格、亥豕格、乌纱格、皂靴格，等等。

现在分类举例说明如下：

字形改变类

虾须格

用法：谜底须两字以上，首字左右分读。

谜例：曹大家奉召入宫　　成语一　　好为人师

说明：格名取虾须之形。谜底格变后读成“女子为人师”。曹大家（音 gū 同姑）即班固之妹班昭，博学多才，汉和帝诏召入宫，令后妃师事之。

燕尾格

用法：谜底须两字以上，末字左右分读。

谜例：养在深闺人未识　　成语一　　莫名其妙

说明：格名取燕尾之形。谜底格变后读成“莫名其少女”。谜面运用的是承上法，面句出自唐白居易《长恨歌》，上句是“杨家有女初长成”。

蝇头格

用法：谜底须两字以上，首字上下分读。

谜例：一截遗欧，一截赠美，一截还东国　　唐诗人名一　　岑参

说明：蝇头可分上后头、下后头，格名取其形。谜面引用毛泽东《念奴娇·昆仑》词句，上句是“把汝裁为三截”。谜底格变后读成“山今参”，参作“三”解，连起来的意思是：“山，如今裁为三截”。

蜓尾格

用法：谜底须两字以上，末字上下分读。

谜例：由　　三国人名一　　黄忠

说明：格名取蜓尾之形。谜底格变后读成“黄中心”。“由”正是黄字的中心。

鼎足格

用法：谜底须两字以上，末字分三字读。

谜例：象棋对弈谁先行　　用物一　　红旗

说明：格名取鼎足之形。谜底格变后读成“红方其人”。

徐妃格

用法：谜底须两字同边旁的词语（包括人名、地名、物名等），删去边旁，留其另一边。

谜例：独学而无友　　西药名一　　硼砂

说明：格名用梁元帝徐妃故事。据《南史·后妃传》载：“梁元帝徐妃以帝眇一目，每知帝将至，必为半面妆以俟。”故又名半面妆格。面句出自《礼记·学记》，谜底格变后读成“朋少”。

摘遍格

用法：谜底须用两字顶部同部首的词语，删去顶部部首，留其下半部。

谜例：第二次握手　　植物名一　　莲蓬

说明：格名系乐曲用语。乐曲解数，每解有数叠，裁截取用，谓之摘遍。谜面是影片名，谜底格变后读成“连逢”。

字序倒置类

卷帘格

用法：谜底须三字以上，倒读。

谜例：明　　成语一　　日就月将

说明：格名取倒卷珠帘之意。谜底语出《诗经》，原指“每天有成就，每月在进步”。依格法倒读后句意变成“把月子靠近日子”底面扣合甚紧。有人以“救护车”射成语“乘人之危”，谜底格变后读成“危之人乘”，亦颇有谜趣。

秋千格

用法：谜底限二字，倒读。

谜例：并驾齐驱　　外国地名一　　马赛

说明：格名取荡秋千之意。谜底格变后读成“赛马”。

掉首格

用法：谜底须三字以上，首二字对调读。

谜例：欲寻芳草去　　清代人名一　　王念孙

说明：格名义显。鸭睡常掉首，因又名睡鸭格。面句出自唐孟浩然《留别王维》诗，谜底格变后读成“念王孙”。“王孙”，芳草名。

掉尾格

用法：谜底须三字以上，末二字对调读。

谜例：挂角卧槽欲建功　　世界名人一　　马克思

说明：谜底格变后读成“马思克”。“挂角”、“卧槽”都是用马进攻的象棋术语。

上楼格

用法：谜底须三字以上，末字移至首字前连下读。

谜例：临去秋波那一转　　词牌名一　　眼儿媚

说明：谜底格变后读成“媚眼儿”面句出自《西厢记》，谜底不用格亦可相扣，唯稍觉牵强，用格后则显得非常自然、贴切。

下楼格

用法：谜底须三字以上，首字移至最后读。

谜例：借东风，用火攻，大破曹公　　成语一　　操奇计赢

说明：谜底格变后读成“奇计赢操”，“操”，别解为曹操之“操”。意谓赤壁之战用奇计大胜曹操。

双钩格

用法：谜底限用四字成语或现成的文句、词句，三四两字移至一二两字之前连读。

谜例：坦白从宽，免予刑罚　　成语一　　不打自招

说明：谜底格变后读成“自招不打”。现行法律虽已无打人刑罚，但作为谜例却仍颇合格法。

字数增减类

脱帽格

用法：谜底须三字以上，舍去首字，余下的字，意与面合。

谜例：愿借明驼千里足，送儿还故乡　　五唐一　　谜花不事君

说明：谜底格变后读成“花不事君”。面句出自《木兰辞》，“花”指花木兰。

脱靴格

用法：谜底须三字以上，舍去末字，余下的字，意与面合。

谜例：君子之交淡如水　　成语一　　其味无穷

说明：格名用高力士为李白脱靴故事。谜底格变后读成“其味无”

摘领格:

用法：谜底须四字以上，舍去第二字，余下的字，意与面合。

谜例：努力加餐，心广体胖　　成语一　　食言而肥

说明：谜底格变后读成“食而肥”。

折胫格

用法：谜底须四字以上，舍去倒数第二字，余下的字，意与面合。

谜例：挥手自兹去　　成语一　　令人神往

说明：面句语出唐李白《送友人》诗，谜底格变后读成

"令人往"。

遗珠格

用法：谜底须奇数三字以上，舍去居中的字，余下的字，意与面合。

谜例：去　五唐一　路出寒云外

说明：谜底格变后读成"路出云外"。"去"中一直（丨）象形"路"，路（丨）出云外正合"去"字。

骊珠格

用法：谜底字数宜少。面句之后不标谜目，猜射者须先猜出谜目，由谜目带出相关的词或句组成谜底，以扣合谜面。

谜例：今夜月明人尽望　外国地名一　仰光

说明：格名取探骊得珠之义，典见《庄子》。面句出自唐王建《十五夜望月》诗，谜底"首都"二字是谜目，以谜目带出"仰光"。四字连读，便成"头都仰望着月光"，正切合面意。此格为近人所初炮，依格成谜，颇有新意，故谜家们乐于采用。

字音异读类

梨花格

用法：谜底须两字以上，全部谐读（音同，形、义各异）。谐读须以普通话读音为准，声韵俱同，否则，异地人无法猜射。

谜例：借公营私，弄权谋利　外国地名一　关岛

说明：格名取梨花全白之义。谜底依格法谐读为"官倒"。猜射者须先按谜面所标的谜目找到外国地名，同时还要关注到谐读后的真正谜底扣准谜面。这类谜，制作难，猜射更难。谜家偶有仿制，亦无甚佳构。

白头格

用法：谜底须两字以上，首字谐读。

谜例：言不由衷　哲学名词一　唯心论

说明：谜底依格法谐读为“违心论”。

粉底格

用法：谜底须两字以上，末一字谐读。

谜例：会餐不掏腰包　　现代画家名一　　齐白石

说明：谜底依格法谐读为“齐白食”。

亥豕格

用法：谜底须两字以上，全部别读（字形近似，音、义各异）。

谜例：有朋自远方来，不亦乐乎　　古书名一　　说文

说明：格名用“晋师三豕涉河”典故，语出《吕氏春秋》。面句出自《论语·学而》，谜底依格法别读为“悦友”以切合面意。

乌纱格

用法：谜底须两字以上，首字别读。

谜例：自掘坟墓　　成语一　　设身处地

说明：谜底依格法别读为“没身处地”。“没”，死义，意谓“死后自身所处之地”。

皂靴格

用法：谜底须两字以上，末一字别读。

谜例：梁上君子　　《滕王阁序》一　　登高作赋

说明：谜底依格法别读为“登高作贼”。谜面典出《后汉书·陈寔传》，“梁上君子”指躲在梁上的窃贼，底面紧紧相扣。

以上介绍了二十六个谜格的格法，并各举谜例加以简略说明，大家读了之后，基本上可以了解谜格的作用和用法了。不过，这二十六个谜格中，亦有好些个谜格，并非是谜家们所常用的谜格，为了让读者对各类谜格的格法有个较全面的了解，也就一并举例予以介绍。

此外，如曹娥格（又名碑阴格），名虽为格，其实并不符合格法。清末谜家曾有仿制，均无称心之作，近年来几已成绝响。对于系铃格，解铃格（谜底圈读）、红豆格（谜底顿读）的谜，近来谜

作者大都用谜底别解法处理，已不再设格了。至于遥对格，则近似对对子，殊乏谜趣。比如以“美洲狮”射“丑郡马”，以“王念孙”射“相思子”等佳作，近来并不多见。求凰格与遥对格相似，只是在谜底之前或之后加上有对偶义的“对、比、齐、双、会、偶、鸳鸯”等关联词语而已。这类谜，选材较难，制作要求亦较严，对仗须工整，平仄须协调，否则，就不符合格法，故近人亦绝少制作。以上诸格，均不作介绍。

古谜赏析

清末民初是灯谜创作的鼎盛时期，谜家辈出，佳作如林，在制谜手法上亦颇具巧思。唯当时谜作者多系文人雅士，谜材大都取之于四书五经，一般猜众则无法问津。尽管如此，以字、词、俗语、人名、唐诗句等为谜材的佳作亦复不少。兹特从前人谜集中选取词意较为显豁而向为谜家所称道的谜作三十则，略加评析，供读者欣赏时参考。

春雨连绵妻独宿　　字一　一

面句描写了春雨连绵之夜妻子独宿的孤凄情景。然而谜作者并非在写闺怨之类的诗，而是巧妙地运用会意和拆字的手法，使谜面紧扣谜底。这里的“春”，因天雨连绵而暗不见“日”，妻独宿而身伴无“夫”，剩下便只是“一”字了。运斤成风，毫无斧凿之痕。

云破月来花弄影　　字一　能

面句出自宋张先《天仙子》词，云破为“厶”，加上“月”来，则成“肙”；“匕”是花的一部分，花弄影则成“匕匕”。这则谜妙在用现成词句扣底，扣得天衣无缝。

一枝斑管累棋枰　　繁体字一　簫

斑管，筆也；棋枰，象形谜底“簫”字中的“𠕁”；累，累叠也，亦即插入的意思。用“筆”插入“棋枰”（卌）组成“簫”字。

闻道哥哥亦画眉　字一　说

拟制此谜时，须先将谜底“说”字分拆作三部分，然后按这三部分的字形、字义配制谜面。以“闻道”扣言旁，以“哥哥”扣“兄”，以“画眉”象形“丷”，字字扣底，自然浑成。“亦”字看似无着落，但字助句活，有了“亦”字，全句才现生意。

古者画师顾恺之以下厥吴道子　字一　虞

晋顾恺之，人称顾虎头；唐吴道玄，自号吴道子，两人皆以善画名于世。谜底“虞”字，上部是“虎头”，下部是“吴”，组合得多么工巧自然！

落照雁行斜　字一　是

谜底“是”字可以分拆成“日下”和“人”。“落照”与“日下”相扣，“雁行斜”与“人”相扣，字字有着落，真是妙语天成。更妙的是这里的“人”一捺特长，以“斜”字扣之，形神俱足。

四围山色中　字一　田

“田”字，四面看去都有一个“山”字。用成句扣底，如此自然，实为难得。另有一则“田”字谜，以“四山环绕，两川交流”扣底，虽亦工巧，终不若前谜之空灵有致。

浅草遮牛角，疏篱露马蹄　繁体字一　蕪

面句立意清新，诗意盎然，一派农家村舍景象如在目前。浅草（艹）遮牛角（𠂉），疏篱（無）露马蹄（灬），字字象形，笔笔传神，洵属佳品。

落花人独立，微雨燕双飞　字一　俩（繁体字“倆”）

面句出自宋晏几道词。上句言“花”落之后唯留“人”旁，下句“微雨”，则指“雨”中不见雨点，两个“人”字正象形燕子双飞。成谜天然，饶有画意，民初谜家谢会心称之为神品。此类谜，一反制谜常规，先有现成诗句为谜面，然后按图索骥配上谜底。

日傍东篱花，折腰差五斗　　字一　　荀

晋陶潜《饮酒》诗有“采菊东篱下”句。谜面上句中“东篱花”会意“菊”字，下句用陶潜不为五斗米折腰典故，在“菊”字中销去“米”字，再“日”傍其中，便成“荀”字。菊字中一“勹”，形容折腰，也别有一番滋味。

明月半依云脚下，残花叠落马蹄前　　字一　　熊

这则谜在构思和技法上与第二谜例基本相似，唯谜面用的是对仗工整的联句。“明月半依云脚下”扣“⺈”，“残花叠落”扣“⺋”，“马蹄前”扣“灬”，字字切底。

花经半落犹翻片，月已微斜尚十分　　繁体字一　　蔣

“花经半落”扣“艹”，“翻片”扣“爿”，“月已微斜”扣“夕”，“十分”扣“寸”，会意、象形又拆字，不但形神俱备，而且字真意切。

唐虞有，尧舜无；商周有，汤武无；古文有，今文无　　字一　　口

唐虞即尧舜，商周即汤武，一个字怎么在唐、虞、商、周时代会有，而尧、舜、汤、武时代却没有呢？又怎么在古文中会有，而在今文中却没有呢？原来在“唐、虞、商、周、古”中都有一个“口”字，而“尧、舜、汤、武、今”中都没有。这正是谜作者有意“回互其辞”，引人入迷。

无边落木萧萧下　　字一　　日

谜面选自杜甫《登高》诗中一句，这是个很好的谜材。谜作者先从“萧萧”两字上着意，联想到南朝齐梁两代的皇帝均姓萧，在“萧萧”之下便是“陳”代。“陳”字无边，再落“木”，“日”字便出来了。有人认为这则谜难猜。难猜固是事实，但真正的难还不是这则谜的本身，是在于猜射者自己必须具有一定的历史知识，并懂得各种谜法。此谜构思如此工巧，用成句为面竟能字字落实、扣合得如此贴切，猜射者纵不能中的，经谜作者揭底后，亦自能融会

贯通，豁然领悟，从中得到美的享受。

三缄其口　　词语一　　结晶

面句出自《孔子家语》：“孔子观周，入后稷之庙，有金人焉，三缄其口，而铭其背曰：‘古之慎言人也’。”面句的意思是，用三张封条封住他的口。“晶”字就是三个口加上三张封条。“结”是结集，把三个日结集在一起。不过，这则谜也有个小毛病，一个金人是一个口，谜中却出现了三个口。我过去曾有一则谜，以“此古之慎言人也”射“曲”字，运用的是同一典故，谜底“曲”字，则是一个口三张封条。

三多　　时令二　　七夕　　除夕

三多是个词，旧指多福、多寿、多男子。现在别解作三个“多”，三多是六个“夕”，七个“夕”，除了一个“夕”，底面恰好相扣。有人把它猜作“春分、人日”，“春”字分开，留下“人日”，还有个“三”字多出来，亦颇具巧思。不过，春分是节气，并非时令。两个谜底，到底哪个较好，让读者自己评说吧！

瞎子唱大面　　俗语一　　眼不见为净

谜底“净”字别解得自然，谜面通俗也颇为风趣。在当时文人雅士的笔下，经常出现这类谜作，是个可喜的现象，说明灯谜已逐步走向群众，接近群众。

阅后付丙　　成语一　　一目了然

面句系旧时信札中的常用语，“丙”喻火，信中有要事不便让局外人看到，便附此一笔，请对方阅信后付之于火。谜底原意是，“一看就完全明白”。“然”古同“燃”，现将“了然”之“然”，别解作“燃烧”之“然”，一字通神，令人叫绝。

《汉书》续成　　红楼人名一　　赖大家

《汉书》系东汉人班固所著，未完成而死。其妹班昭，号曹大家，汉和帝诏令入宫，皇后、贵人师事之，并续成《汉书》。谜底“赖大家”，原是人名，现别解为“依赖（曹）大家”，正与面意相合。

伍奢　　称谓二　　生员　　和尚

伍奢，春秋后期楚国大夫。楚平王即位，任太子太师。生子二，长子伍尚，次子伍员（即伍子胥）。谜底“生员、和尚”，由于谜面“伍奢”的扣合，竟变成“生伍员和伍尚”。谜家真像魔术师，魔力无穷。

赵子龙单骑救阿斗　　中药名三　　常山　　独活　　使君子

赵子龙（常山人）扣常山，“单骑救”扣独活，阿斗正是刘备刘使君之子，用以扣使君子。谜底三个药名组合得自然浑成，美得像句诗，具见工力不凡。

令子　　《古文观止》一　　家君作宰

旧时称誉他人之子为令子，现别解作“县令之子”以扣底。底句出自唐王勃《滕王阁序》。王勃远道省亲，途经南昌，躬逢盛会，即席作序，有句云：“家君作宰，路出名区。”时勃父王福任交趾令，文句系纪实。妙在谜面“令”字别解，顿使全谜妙趣横生。

挑灯闲读牡丹亭　　《古文观止》一　　光照临川之笔

《牡丹亭》作者汤显祖乃是临川人，面句中“牡丹亭”扣谜底“临川之笔”，“挑灯”扣“光照”，“闲读”虽闲，对全句起有关联作用。底句出自唐王勃《滕王阁序》，“临川”原指王羲之，经谜面的扣合，谜底句意全部起了别解。

终须一个土馒头　　《古文观止》一　　故陵不免耳

宋范成大诗：“纵有千年铁门限，终须一个土馒头。”土馒头即俗所谓坟。谜底是《李陵答苏武书》中的一句，“陵”是李陵自称，现在将它别解为“陵墓”，则底面句意恰好紧紧相扣。

美而无子　　五唐一　　绝代有佳人

谜面语出《左传·隐公三年》：“卫庄公娶于齐东宫得臣之妹，曰庄姜，美而无子。”谜底选自杜甫诗《佳人》中的一句，“绝代”原是举世无双的意思，现别解为“没有后代”，字字入扣，妙语天成。

郑人得鹿　　五唐一　　翻疑梦里逢

面句出自《列子》：郑国有个人在野外砍柴，遇见一只梅花鹿，把它打死了藏在竹林中，用芭蕉叶盖好，恐怕被人看见。过后，竟忘了所藏的地方，以为自己是做了一个梦。底句出自戴叔伦《江乡故人偶集客舍》诗，原意是：与故人偶然会晤，好比是梦里相逢。谜面与谜底乍看起来毫无相关，但知道了谜面的典故后，便能融会贯通，深感谜味无穷。

用典谜自有它自己特有的谜味，近代许多谜家对此多有佳制。但是，我们今天制作此类灯谜，须避免运用僻典，使广大群众都有猜射和欣赏的机会。

七言宋诗一　　春到人间草木知

"梅香，泡茶！""晓得，去泡哉！"

谜底选自宋张栻《立春偶成》诗。谜面"去泡"是自我抵消，将"泡茶"的"泡"字销去；"哉"是语气助词，无具体词义；剩下"梅香"、"茶"、"晓得"五个字。梅香扣"春"，茶扣"人间草木"，晓得扣"知"。谜面设计别致，构思新颖，扣底准确无讹，确是佳构。

匈奴号曰飞将军　　《诗经》一　　汉之广矣

李广，猿臂善射。汉文帝时以击匈奴有功，封散骑常侍；汉武帝时为右北平太守，匈奴畏之，号曰飞将军。"汉"，原指汉水；"广"，广大貌。现别解为"汉代之李广"，既贴切，又富有谜趣。

将错就错，以讹传讹　　《孟子》一　　相率而为伪者也

以成语扣成句，底面词义均无别解，竟能如此浑成，确实难得。尤其"相率"两字，上下左右映带无遗，非驾轻就熟者，何能出此！

一鞭残照里　　《西厢记》一　　马儿向西

"一鞭"扣"马儿"，"残照里"扣"向西"，诗中有谜，谜中有画，诗、谜、画浑成一体。清末民初，《西厢》谜盛起，其中不乏脍

炙人口之作，爰举一例，以见一斑。

今谜评介

新中国成立后，广大灯谜爱好者积极从事灯谜创作，在继承传统的基础上，不断创新、不断提高、不断发展，使灯谜活动逐渐成为人民文化生活中的一项不可缺少的内容。

目前全国都发表有灯谜作品，各地灯谜组织的内部交流刊物谜作更多，其中名家名作亦复不少。在如此浩瀚的谜海中，限于篇幅，仅选取三十则谜作予以评介，遗珠之憾，诚所难免，乞读者谅之！

自小在一起，目前少联系　　字一　　省

作者：苏州　王能父

面句看似在叙述对一位久失联系的年轻时朋友的怀念。其实，这则谜的成谜与句意无关。它运用的是拆字法，“自”“小”在一起，便成“省”字，“目”字前联系上“少”字也成“省”字。谜作者在谜面上故弄玄虚，令人玩味无穷。

他去也，怎把心儿放　　字一　　作

作者：苏州　王能父

谜面是谜作者自撰的，读来好像是词曲中的一个句子，字里行间充满着深情厚谊。这则谜，猜倒并不难猜，“他”去“也”，留下了“亻”，“怎”把“心”儿放，留下了“乍”，两者合起来便成“作”字。运用拆字法的谜，离合得如此自然，扣合得如此确切，实为难得的佳品。

技术合作，不留一手，不留一点　　字一　　枝

作者：苏州　王能父

这是一则思想性、艺术性都较高的谜作。面句赞颂了科技工作者在合作过程中无私奉献的精神。“技术”合作在一起，不留一“手”（扌），不留一“点”（、），剩下一“支”一“木”便可组

成“枝”字了。由于谜作者善于运用拆字法，信手拈来，便成佳构。

后进咸阳扶保在朝纲　　成语一　　先入为主

作者：上海　周浊

谜面是京剧《追韩信》中的一句唱词，上句是：“先进咸阳为皇上”。谜作者运用的是承上法。今若将上下句联在一起来领会，则谜底“先入为主”，便赫然在目了。

破格选人才　　字一　　财

作者：上海　苏才果

这则谜看起来像是会意，其实亦是用拆字法成谜。破格指“门”，再选入“人才”不就成为“财”字了！一离一合，颇具巧思。

仙逝　　五唐一　　空山不见人

作者：上海　苏才果

制谜之法，一般来说，都是先造好谜底，然后配制谜面。“空山不见人”，是个好谜材。空山即没有“山”字，不见人即没有“人”字，如此谜底应如何配好谜面却是难题。谜作者以“仙逝”为面，真是别具巧思。“仙逝”原指人死后成仙去了，是对死者的雅称。现在被别解为“人”、“山”字都逝去了，紧扣谜底；堪称佳制。

身残心不残　　字一　　息

作者：上海　江更生

谜面赞颂了心灵美的残疾人，猜射如果单从这个意义上去考虑谜底，那将永远无法中的。大凡用一个字为底的谜，多数是采用拆字法，或者拆字法与象形法结合起来使用，这则谜就是如此。身残扣“自”，再加上一个不残的“心”，构思新颖，别出心裁。

床前明月光　　字一　　旷

作者：苏州　费之雄

面句出自唐李白诗。这亦是一则运用拆字法的谜，面句与下句句意无关。床前扣“广”，大家容易领会，此谜关键在“明月光”三字。明中的“月”字光了，留下“日”字，“日”与“广”合，便成“旷”字。谜法的运用，贵在创新，此谜颇为谜界所称道。

朱元璋选贤任能　　五唐一　　不才明主弃

作者：南京　周问萍

底句出自唐孟浩然《岁暮归南山》诗。关于这句诗，原来还有一段有趣的故事。孟浩然四十多岁时，离开了故乡去京师游历，在故人王维的内署巧遇唐玄宗。唐玄宗高兴地接见他，并命他赋诗。他就朗诵了这首诗。当他朗诵到“不才明主弃”时，唐玄宗说：“是你自己不愿作官，我何尝弃你？”结果没有任用他。诗中的“明主”原泛指英明之主，谜作者将它别解为“明朝的皇帝”，故以“朱元璋”扣之。以“选贤任能”扣“不才”被“弃”，则是会意法中的反扣法。

读新书，读好书　　成语一　　不念旧恶

作者：上海　苏纳戈

这则谜妙在对谜底的别解。“不念旧恶”，原意是不计较别人过去的错误，或不记住过去个人之间的仇怨，谜作者将它别解为“不读旧书和坏书”。旧字和恶字后边原没有“书”字，现在跟面句连续下来，宾语承前，那“书”字便自然出来了。

情急无心垂钓钩　　字一　　静

作者：温州　柯国臻

面句描述一个钓鱼者因心情焦急以致无心垂钓的生动形象。怎样才能安心垂下钓钩去钓鱼呢，那只有静下来。其实谜底“静”字，并非用会意法去求得的。谜作者有意运用双关的语言，企图把猜射者的思路引向“歧途”。“情急”而无心，便成“青刍”，“刍”中垂下钓钩（亅），非“静”而何？面句诗意浓郁，扣底浑成自然，确是拆字法中的上乘之作。

孟母断机　物理学　名词一　质子力学

作者：温州　金瓯

孟轲幼时常常辍学，其母愤然割断机上所织之布，以示断布难续，质令孟轲努力学习。谜作者借用典故以会意法成谜，谜底别解，扣合贴切。

开源节流　成语一　原形毕露

作者：苏州　周宗廉

“开源”，把源字分开；“节流”，把水流节去；“原”字的形不也就毕露了吗？这则谜虽然简易，它的妙处却在于面句现成，扣底自然。“原”字别解，亦颇有新意。

曹孟德中计斩蔡瑁　成语一　操之过急

作者：温州　洪流

赤壁之战，曹操遣蒋干过江说降周瑜，却中了周瑜反间之计而斩了水军将领蔡瑁。当曹操发觉中计，急令释放蔡瑁，但为时已晚。此事曹操的过错在于太急，如果稍缓片刻，蔡瑁就不致被斩。谜底原意是指办事情过于急躁，现在由于谜面的制约，把“操”别解为曹操，“过”别解为过错，使谜底词义大变，有人称之为神来之笔。

子分居兮叹离别，重团聚兮意急切　字一　亟

作者：温州　洪流

“子分居”成“了一”，“叹离别”成“口又”，分离之后重新团聚则成“亟”，亟是急切之意。谜面运用骚体，前后两句一离一合，既指明字形，又点出词义，在拆字法的谜作中别具一体。

工人团结紧，齐向党中央　字一　吴

作者：佳木斯　杨玉林

这则谜，粗看起来是浅显易猜，平淡无奇。但仔细一推敲，谜作者是煞费苦思的。“团结紧”、“齐向”，好像是闲字，其实一点也不闲。谜面结合当前政治，自然浑成，恰到好处。

芙蓉如面柳如眉，对此如何不泪垂　　影名一　　伤逝

作者：长春　王谦

面句出自唐白居易《长恨歌》，写杨贵妃死后，唐玄宗睹物思人的悲哀之情，扣底自然确切。这类谜，好在用现成诗句把人引入诗的意境，使人联想起历史事件，从而得出谜底。如果换以自撰的谜面，那就谜趣索然了。

饵　　成语一　　将欲取之，必先予之

作者：辽阳　李东航

这则谜，构思新颖，以少制多，恰到好处，令人回味无穷。“饵”字有多种解释，可作“糕饼”解，可作“饲养”解，还可作“牲畜的筋腱”解。单用一个“饵”字为面，词义不显，很难使猜射者引起联想。刘勰认为，谜语要“辞欲隐而显”，是有道理的。辞不隐则不能达到“使昏迷也”的目的。隐而不显，则又使人无从捉摸。如果在“饵”前加一钓字，以“钓饵”为面，则谜面与谜底的意思扣合更紧，既隐且显，似将更臻完善。

君实相士　　成语一　　光可鉴人

作者：南京　周之屏

谜面的意思是：“你确实是位看相论命者”（相士，也可作“宰相”解）。谜作者有意“回互其辞”。你如果不知道“君实”是司马光的字，就会受作者“昏迷”，永远无法中底。谜面双关，谜底别解，确是匠心独运。如果说这则谜尚有微瑕之处，那只是照谜面的意思，谜底中的“可”字还未有着落。

坦白须及时　　市招一　　供应早点

作者：上海　陶德明

谜面是个政策性很强的句子，谜目却是市招，两者风马牛不相及，行家们一望便知，谜底定有别解。到底如何别解呢？这里也就显示出谜作者构思的工巧。谜底“供（gōng）应（yìng）”是个动词，“早点”是个名词，现在把它别读为“供（gòng）认应（yīng）

该早一点"，"供"字还须顿读，按照过去的谜法，必须用二个格：系铃格和红豆格。现在作者统统不用（今天谜界大多数人都主张不用），让猜射者自己去别解，谜味盎然。

马岛冲突　　作家一、电影演员二　　阿英　　陈戈　　于洋

作者：无锡　许荣海

阿根廷与英国为了马尔维纳斯岛的主权，发生了一场海上战争，谜底"阿英"这个名字引用得巧妙之极。记得这则谜有人在报纸上发表过，不过那个谜底只是"阿英、陈戈"，现在加了一个"于洋"，把战争的环境也指明，谜面的意思就更加显豁了。像这类谜，谜底由两三个人名或地名、影名组成的，把它们连缀得自然浑成非常重要。

妆罢低声问夫婿　　五唐一　　山色有无中

作者：六安　赵首成

面句出自唐朱庆余《近试上张水部》："妆罢低声问夫婿，画眉深浅入时无？"这里用的是启下法。凡是运用承上法或启下法的谜，必须把面句与它的上句或下句连起来考虑谜底。前人常用"山色"、"春山"比喻眉毛，谜底的"中"字应作"适合"或"中意"解。底句出自王维《汉江临眺》诗，原指"山色迷濛在若有若无之中"，今竟被别解作画眉，这只有在谜家的笔下才能做到这点。

蜂蝶纷纷过墙去　　古称谓一　　探花

作者：上海　季国虎

这则谜运用的也是启下法。谜面是大家所熟悉的唐王驾诗句。"蜂蝶纷纷过墙去，却疑春色在邻家"，两句连读下去，谜底便昭然若揭了。

倡成语二　　格格不入　　一视同仁

作者：上海　叶乃钧

这是则巧谜，正如人们所常说的，出人意料之外，却在情理之中。"倡"字去了两个方格，剩下来只有一个"仁"字，可这个

"仁"与我们书写的"仁"，却在似与不似之间，因而"一视同仁"这个"同"字，便起着"点睛"作用，确是"绝妙好辞"。

孟母三迁　　电视剧名二　　影名一　　为了孩子　　选择邻居

作者：上海　朱靖

孟母为了教育其子孟轲长大成材，从小便注意环境对儿子的影响，于是三迁其舍，择邻而居。典故出在《列女传》。这则谜好在谜底组合自然，作者把三个影视名巧妙地连缀在一起，既能切合谜面，而又毫无牵强之感。

孟母择邻　　成语一　　退避三舍

作者：黄岩　叶希铭

"孟母择邻"与"孟母三迁"同出一个典故，这则谜竟以"退避三舍"应面，真是别出心裁。"退避三舍"典出《左传》：晋、楚城濮之战，晋文公为了实践以前向楚国许下的诺言，在交战前，把军队后退了三舍（九十里）。底面两个典故，内容毫无关联，而谜作者运用别解法使之紧紧相扣，构思可谓工巧之极。

请君为我倾耳听　　《陈情表》一　　臣密言

作者：泉州　谢灿星

谜面诗句出自李白《将进酒》，句中的"君"字，本来作"你"解，现在把它别解作"皇上"。谜底"臣密言"中的"密"字，原是《陈情表》作者李密自称，现在把它别解作"秘密"或"小声地"。谜面谜底都别解，连起来的意思是："请皇上附耳过来，臣子我有秘密的话细说给你听。"别的谜，都是谜面扣合谜底，这则谜却是谜底接着谜面的意思说下去，构思奇特，不同凡响。

山舞银蛇　　西药一（带量）　　谷维素一片

作者：潮州　谪凡

谜面引自毛泽东《沁园春·雪》中的一句，原是形容满山的白雪，今用以扣合谜底"谷维素一片"，可说是天衣无缝。谜作者把

“谷维素一片”别解为“山谷只是雪白的一片”。“一片”原指小小的药片，这里把它扩大为指一片山谷的白雪，真是神来之笔。谜底的别解须赖谜面的配合，没有“山舞银蛇”的谜面，谁也不会把“谷维素一片”理解为“山谷只是雪白的一片”。由此可见，谜面的配置，对于一则谜语来说，该是多么的重要啊。

旮旯（骊珠格）　　节日二　　五四　　八一

作者：绍兴　沈新

骊珠格依格法不标谜目，谜目须在谜底出现。这则谜，很多同志猜“节日重九”，可是谜面上有两个“日”，节了一个“日”，还有一个“日”，终不及原作确切。谜底用“节日二”，这也是骊珠格中的新路子，特予介绍，以飨读者。

哑谜一则　　作者：上海　傅涛

谜台上放着铜钱七八枚（十多枚亦可），铜钱旁边放着一二尺长的丝带一条，射唐诗人二、明文学家一。

这则谜只要求做动作，动作做对了，也就知道你已猜中了。有人走向谜台，拾起铜钱，拿起丝带把铜钱穿成一串。主持人说他已猜中，随即发给领奖证。旁观者感到奇怪，猜射者补充说，这则谜的谜底是“拾得、钱起、罗贯中”。观者无不称好。这则谜谜底三个人名连缀得通顺自然，读起来像句诗，谜面实物设计亦颇见工巧，深获谜界好评。

谜坛盛况和展望

灯谜，是我国民间文学中的一朵奇葩，它由群众创作，而又由群众猜射，灯谜活动，已成为广大群众所非常喜爱的一项活动。

现在，全国各地文化单位、企事业单位几乎都有开展这项活动。有的文化单位每星期向群众展猜一次，有的每月向群众展猜一次，颇受群众欢迎。地方的文化馆、青年宫、图书馆也都开展了这项活动。电视台、广播电台也经常举行不同内容的灯谜晚会。各地报刊也经常选登灯谜和发表探讨谜艺的文章。

目前，全国各地绝大多数文化宫都成立有灯谜组，有的省市还成立了灯谜协会、灯谜学会或灯谜研究会，还各自编印了谜刊、谜集互相赠送，进行内部交流。近年来各地出版社还陆续不断地出版了内容各具特色的灯谜书籍，颇受读者欢迎。谜风之盛实属空前，灯谜这朵民间文艺之花正在祖国的百花园里张苞怒放，今后，必将开得更加繁荣茂盛，更加绚丽多姿！

第二章

联 句

刘三姐和书生分道扬镳

联句是旧体诗词的一种创作方式，跟集句一样，不是文学体裁。集句是再创造，联句是共同创作，即由两人或多人合作做诗或轮流填词，联串成篇。譬如南梁有首古绝句：

洛阳城东西，却作经年别。昔去雪如花，今来花似雪。

唐代李商隐认为是何逊和范云二人的联句。又中唐《天津桥南山中各题一句》：

野坐分苔席，山行绕菊丛。
云衣惹不破，秋色望来空。

是李益、韦执中、诸葛亮、贾岛四个人每人一句的联句。

联句的创始人很难确定。西汉刘向《列女传》认为《诗经·邶风》中的《式微》是最早的联句。若按下列口气翻译成普通话，确实很像“小夫贱妇”之间的对唱：

式微，式微，胡不归？
（黄昏啦，黄昏啦，为什么不见你回门？）
微君之故，胡为乎中露！
（唉，要不是为官家事，我怎么会遭凉露沾衣！）
式微，式微，胡不归？
（天黑啦，天黑啦，怎么你还不回？）

微君之躬，胡乎泥中！

（唉，若不为东家养贵体，我也犯不着浑身拖泥带水！）

即使刘向认为泥中、中露是卫国二个邑名，也不会影响一问一答的对唱形式。

但那一男一女都是无名氏，而且，说它是最早的联句不过指有文献记载者而已。因为最早的诗是唱歌跳舞的歌词，保不定《式微》般的对唱在三百篇以前早就存在，只因失于记载而无从推溯罢了。

电影中跟阿牛对歌的刘三姐，据说实有其人，而且还不止一个。为了“抢夺”这位美丽的歌仙，从明末清初到现代，从岭南到岭北，笔墨官司越打越玄。广东人称她刘三妹，此说始于明清之际的诗人屈大均。他说三妹是唐中宗年间广东新兴人氏，幼通经史，晓音律，谙蛮语，不同民族可用不同语言跟她对歌。她曾与白鹤乡少年登山而歌，相互问答，观者如山，一直唱了七日七夜未分胜负。清初诗人王士禛和《粤述》的作者却替广西人说话，说刘三姐是唐中宗年间的广西人。《粤述》还指出阿牛般的人物是白鹤书生张伟望，对歌对到最后力瘁而死，双双化为石头。《峒溪纤志志余》称赛歌地点在七星岩，死后受苗、瑶等族峒民供奉祭祀。广东客家人中流传着刘三妹的歌词。“石山刘三妹，路上罗秀才。人人山歌肚中出，哪有山歌船撑来?”这歌词唱得千里迢迢前来对歌求亲的罗隐秀才哑口无言，拼命翻书，最后羞愤得把满船山歌书尽弃河中，狼狈而去。至今长江中下游一带都有类似传说，不是把刘三姐式的人物当作智慧化身的颂扬，就是把罗隐秀才作为笨伯来嘲讽，叫晚唐诗人罗隐无处伸冤。

当然不能说刘三姐式的对歌或像黄梅戏《夫妻观灯》、《打猪草》那样一问一答的山歌比诗经《式微》还早，但根据文学艺术源自民间的一般规律，几个人合作吟唱一首诗歌的情形，要推出一个或一组有名有姓的肇始人来，无异大海捞针。只能笼统地说，联句起源于上古乃至远古的民间对歌。同时，也不能像集句那样可以下个斩钉截铁的结论：只有汉族才有“阿牛”，只有中国才有“刘三姐”。

如果撇开古今语言的差距，那么，“虎死虎骨在荒山，龙死龙鳞在深潭”这样一种优美的比兴手法，何其与风、骚、古乐府相似！这种现象并非文学艺术的“返祖现象”，而正好说明，自从文人联句和民间对歌分道扬镳之后，对歌在穷乡僻壤一直保持着它的宗风祖貌。当唐中宗君臣在大明宫联句之日，不正是刘三姐和张伟望在白石山对歌之时吗？

汉武帝大宴柏梁台

其实，被普遍认为是最早“联句共韵”的《柏梁台诗》，反而已经“去风骚远矣”。

据西汉《东方朔别传》记载，该诗是元封三年，汉武帝君臣们的创作。由于明末顾炎武的否定，直到近代，该诗是否汉武君臣所制的问题，一直未能确证。尽管大多数学者持肯定态度，但若不是逯钦立据《汉书》中的官名加以有力的印证的话，恐怕今天还不能确断七言联句的起始年代。

柏梁台联句比起集句来，要轻松得多了。它不仅是文字游戏，而且游戏中带了几分滑稽色彩，连司马迁的《滑稽列传》、褚少孙的《武帝纪》、班固的《东方朔传》、班昭的《艺文志》都不屑登载。确实，此诗在内容和形式上都是异乎寻常：君臣二十六辈，大宴柏梁台，汉武帝首唱，东方朔压台，薪俸二千石（担）以上的公卿大臣各唱一句，共二十六韵：

日月星辰和四时（帝），骖驾驷马从梁来（梁王），郡国士马羽林材（大司马），总领天下诚难治（丞相），镇抚四夷不易哉（大将军），刀笔之吏臣执之（御史大夫），撞钟伐鼓声中诗（太常），宗室广大日益滋（宗正），周卫交戟禁不时（卫尉），总领从官柏梁台

（光禄勋），平理清谳决嫌疑（廷尉），修饰舆马待驾来（太仆），郡国吏功差次之（大鸿胪），乘舆御物主治之（少府），陈粟万石扬簸箕（大司农），徼道宫中禁惰怠（执金吾），三辅盗贼天下尤（左冯翊），盗阻南山为民灾（右扶风），外家公主不可治（内史），椒房率更领其材（詹事），蛮夷朝贺常会期（典属国），柱枅欂栌相枝持（大匠），枇杷橘栗桃李梅（太官令），走狗逐兔张罘罳（上林令），啮妃女唇甘如饴（郭舍人），迫窘诘屈几穷哉（东方朔）。

他们各自把职责唱说一遍，有的炫耀自己的能力，有的叹苦经，有的提醒皇上不要忘记自己劳苦功高，全诗倒像是编成口诀的官职表。滑稽大师东方朔的结句给全体君臣的诗句作了个绝妙的注脚。本来么，就是没话找话。明代人指出：太官令的水果单是从宋玉那里批发的；大匠的设计“蓝图”无非是木结构的罗列。这班人，与其说是一本正经地作诗，不如说是喝酒行令。（清代有人干脆把它归入酒令的一种。）否则，汉武帝岂能容忍宗正刘安国，左冯翊（治理京畿三辅的官）咸宣、右扶风（同上注）李成信等人变相的强谏呢？岂能容忍郭舍人（掌宫中之政的官）不打自招的“监守自盗”（啮妃女唇）呢？

如果说，集句受古人牵制，那么，联句则受别人牵制。从后世对联句的要求看，柏梁联句之所以不佳，主要是大家未受联句“约束”，基调上不和谐，众臣各吹各的号，不少人甚至跟汉武帝“日月星辰和四时”唱反调。即使这句首唱被明代王世贞赞赏，没有“绿叶扶持”，“牡丹”也不能算“美”。王世贞盛称此诗“要以拙胜”，可能指出言率真，不加雕琢，如同不修边幅的书籍一样，有粗犷自然之美。

但有一个“副产品”不可抹杀，那就是开句句用韵、一韵到底的所谓柏梁体古诗的先河，全诗都用之韵。三国曹丕的香奁名篇《燕歌行》和唐代杜甫的《饮中八仙歌》便是柏梁体中的佼佼者。

后世效法汉武君臣的，自然也是那些太平天子。如唐中宗、韦皇后跟武则天的女儿安乐公主、侍女上官婉儿、文学宠臣宋之问、政客崔湜等人在皇上延庆节、皇后千秋节、观看吐蕃马戏等场合，作些联句，也不过是各报职能，亦步亦趋地学柏梁联句，没啥佳作。因此，后世宫廷也不再继续效法了。

从才女咏絮到诗人踏青

柏梁体联句的佳作要算东晋谢安跟侄子胡儿、侄女道韫的《咏雪》首屈一指了。一天，大雪纷飞，谢安叔侄三人在内宅讨论文章，做叔父的突然用诗句发问："白雪纷纷何所似？"侄子胡儿回答说："撒盐空中差可拟。"（跟撒盐在空中差不多）侄女谢道韫却另有一番比拟，她说道："未若柳絮因风起。"一兄一妹，一俗一雅，一刚一柔，一形一神，把雪的姿态描绘殆尽。谢公朗声大笑。谢女也就一句成名，被唐人载进了正史。连她的笨哥哥和傻丈夫也沾了裙带之光。后世就为谢女这样的扫眉才子嫁给王羲之那个凡庸儿子王凝之而感到惋惜，人们不禁设想：倘若嫁给王羲之的另一个儿子、书法家王献之，该多好！"天壤王郎"也就成了埋怨月下老人乱牵赤绳的成语。

柏梁既拓先声，各式各样体裁的联句也就随着诗歌的发展而产生。六朝多的是五言古诗，因此，陶潜、谢朓及其诗友们的联句大多是五古联句。自沈佺期、宋之问奠定律诗后，又产生了五七言格律诗的联句，从盛唐李白、颜真卿到晚唐皮日休、陆龟蒙，大多是五律或五言排律的联句。后来，随着词的盛行，联句也进入了词的领域。诗词联句成了历代文人雅集中的重要"节目"。

联句人数，自来不拘多寡。一般视在场人数多少而定体裁：人少，可做绝句、小令；人多，只好采用排律或古风。但这不是绝对的，往往是两个人做排律的情形很多。

就制作法则（顺序）而言，古无定式。宋代范文《对床夜语》

概括为两种：

一种是每人一句（如《柏梁台诗》）、每人一联（如裴度、刘禹锡等人的蔷薇花联句）或每人四句（如陶渊明等人的联句）。后者最原始，似乎每人做一首绝句，几令人怀疑五言联句脱胎于唱和酬酢，或唱和脱胎于联句。

另一种是跨句，即，一人出上句，续者须对成一联，再出上句，轮流相继。这种法则，唐以后尤多，几乎为文人所习用。韩愈、孟郊联句往往如此。

至于联句顺序，可以挨次轮流，每人机会均等，也可争先恐后抢着做，好像智力竞赛一样，谁先想到，谁就续下去，这比“排队”做诗来得生动活泼。如《红楼梦》里的芦雪亭联句。

长短句的联句，其法式大多是第一种。一般每人一韵。每人二句的，如中唐严维八人的《一字至九字诗联句》，即今日之宝塔诗：

东西（鲍防）；步月，寻溪（严维）；鸟已宿，猿又啼（郑概）；狂流碍石，进笋穿碨（成用）；望望人烟远，行行萝径迷（陈元初）；探题只应尽墨，持赠更欲封泥（陈元初）；松下流时何岁月，云中幽处屡攀跻（张叔政）；乘兴不知山路远近，缘情莫问日过高低（贾弇）；静听林下潺潺足湍濑，厌问城中喧喧多鼓鼙（周颂）。

词的联句，通常一人一句。如清初几位大文人的游湖联句，因六人参加，便采用《浣溪沙》以求机会均等：

出郭寻春春已阑（陈维崧），东风吹面不成寒（秦松龄），青村几曲到西山（严绳孙）。

并马未须愁路远（姜宸英），看花且莫放杯闲（朱彝尊），人生别易会常难（纳兰容若）。

但也有跨韵形式的，如近人夏承焘与王季思（王起）的《舟行至碧湖》联句，调寄《鹊桥仙》：

市声不到，晓钟未动，渡水闲云几朵（夏）。滩前滩后浪如山，正昨夜雷湾雨过（王）。

烟岚照眼，水风散发，佳处容人并坐（王）。若教吹笛到银河，料应有双星识我（夏）。

书信遥联和后人追和

联句大多当场联毕。特别是老朋友们平时各自忙，难得聚会，既然凑拢一起，不搞个联句什么的，正如今天不拍个集体照那样，总觉得少个纪念。所以即情即景，即兴而发，即兴而竟。晚唐陆龟蒙、皮日休的《开元寺楼看雨》是即景联句，写一场雷雨的全过程。他俩迅速抓住了雷雨的每个生动镜头，全篇抑扬顿挫，气势雄浑：

海上风雨来，掀轰杂飞电；登楼一凭槛，满眼蛟龙战（陆）。须臾造化惨，倏忽堪舆变；万户响戈铤，千家披组练（皮）。群飞抛轮石，杂下攻城箭；点急似摧胸，行斜如中面（陆）。细洒魂空冷，横飘目能眩；垂檐珂珮喧，攧瓦珠玑溅（皮）。无言九垓远，瞬息驰应遍；密处正垂绳，微时又悬线（陆）。写作玉界破，吹为羽林旋；翻伤列缺劳，却怕丰隆倦（皮）。……你看，电闪雷鸣，风起雨来，先是乌云滚滚，仿佛蛟龙酣战，顷刻间天空（造化）昏惨，大地（堪舆）变暗。千家万户响起了“兵器交加”的雨点声，仿佛浸没在白茫茫一片丝麻织物之中。攻城的“白羽”如飞蝗，守城的“擂木炮石”倾泻。急雨惊心动魄，狂风扫来雨点狠狠地打中诗人的脸面。密密麻麻洒得人心惊胆寒，纵横喧飞又教人头昏目眩；那屋檐上一串串“珂珮玉器”呼啸着，飞挂下来，打在瓦上的珠玑蹦跳溅掷。莫说九州有多辽阔，恐怕已被这霖雨一下子全洒遍了！下呀，下呀，粗粗的“绳”，细细的“线”，交悬作天罗地网。铺天盖地，泻得天门都快塌了；狂风吹得真武大帝的羽林军四十五星拼命旋转。人们不禁感叹雷公电母过度辛劳，担心风伯巽婆累坏了……

如此雷雨壮观，虽不及苏东坡“游人脚底一声雷”那样逼真，也不如杜甫《茅屋为秋风所破歌》和高尔基《海燕之歌》那样深远，但也可谓写尽了雷雨的一般场面和作者的激情。由于皮、陆两人分秒必争，来不及推敲格律对仗，因而半古半律。不过，作为联句，已非泛泛之作了。

“不识庐山真面目，只缘身在此山中”，这是即兴之作不易写好的道理，因为即情即景，来不及推敲提炼。

南齐谢七人的《阻雪连句遥赠和》则是借书信来唱和的联句，等于每人写一首五绝，各自把阻雪情景写出来，用同一个韵——支韵，串起来成为一篇五言古诗。兹录第二三人的各四句以窥一斑：

风庭舞流霰，冰沼结文斯；
饮春虽已燠，钦贤纷若驰（江革）。
珠霙条间响，玉溜檐下垂；
杯酒不相接，寸心良共知（王融）。

虽然有断续的痕迹，但既是“连句”，不可能七个人同时并举。可以想象，七个人并非住在同一村子里，每当一个人写完，马上派人送给下一个人续写。由于一个“遥”字，送信人不是骑马飞驰，就是奔得满头大汗。因为等到最后一个沈约写完，雪也霁了（“初昕逸翮举”），马也疲了（“日昃驽马疲”）。这种联句“接力赛”倒也是诗人雅兴、奇兴，可惜“消遣”了信使们。

还有一种补充前人未竟之篇的联句方式，即后人追联前人的联句，那就不受时间限制，反正迟了，不怕耽误什么。宋代江西派的谢逸在临川追补亡友潘大临的断句“满城风雨近重阳”，连写了三首绝句。其中一首是：

满城风雨近重阳，无奈黄花恼意香。
雪浪翻天迷赤壁，令人西望忆潘郎。

不过，潘大临的诗思既被催租人打断，诗一开头就成了“断臂的维纳斯”，那么，不管谁续下去，哪怕他本人续下去，也总是狗尾续貂了。正如王安石名句“春风又绿江南岸”那样，虽非断句，但全首也就这么一句鹤立鸡群。诗句太佳，往往会使全首的其他句子相形见绌。

更有一种后人加到前人诗句前面的追联。如李白过黄鹤楼曾有“眼前有景道不得，崔颢题诗在上头”之句，有个禅师在李白诗句前面追联，成为：“一拳捶碎黄鹤楼，一脚踢翻鹦鹉洲。眼前有景道不得，崔颢题诗在上头。”另一僧又续了两句：“有意气时消意气，不风流处也风流。”和尚们替李太白大打抱不平，倒也情有可原。无奈明代大学士解缙竟以此作《吊太白诗》，什么“也曾捶碎黄鹤楼，也曾踢翻鹦鹉洲”，像“鲁智深醉打山门”，那就难免遭人讥议了。(《升庵诗话》)

然而，追联得好的也有。据说宋代秦观补足其友司马槱梦中听苏小小所唱《蝶恋花》上阕，不但上下阕旗鼓相当，而且过渡自然，毫无拼拢之迹，以致被人误以为是秦观一人的作品。此词后被元末明初学者陶宗仪夸赞为古今大曲十首之一：

妾本钱塘江上住，花落花开，不管流年度。燕子衔将春色去，纱窗几阵黄梅雨（司马槱）。

斜插犀梳云半吐，檀板轻敲，唱彻黄金缕。梦断彩云无觅处，夜凉明月生南浦（秦观）。

试想，宋金元词几千几万首，此词居然名列“十佳”，确实非同小可。也许这就是某些选本不相信它出自秦观、司马槱之手的道理所在。(其实，司马槱的诗也不错。)

马拉松式的“斗鸡”

联句有长有短。就数量和篇幅看，要首推韩愈和孟郊的马拉松联句了。他俩的《城南》、《斗鸡》、《石鼎》、《秋雨》诸篇，向以“宏词险韵”而“脍炙人口”。其中城南联句达三百零六句，一千五百三十字，用排律体一韵始终，穷尽城南气象。观其雕琢如千工之床，而又壮丽如七重宝塔；“常山之蛇”，首尾相救，中间且无间断龃龉处。此非"韩涛苏海"者不能为之。内中"红皱晒檐瓦，黄团系门衡"（衡，横木），甘枣瓜蒌，俨然西北黄土高原窑洞门前景象；"涩旋皮卷脔，苦开腹彭亨"，岂非陕北老农形象？"礼鼠拱而立，骇牛躅且鸣"，何等村野气味！"猛毙牛马乐，妖残枭鸽惸"，则又显得风气之粗犷。韩孟两人，一个"七尺大刀奋如湍"，一个"丈八蛇矛左右盘"，大有"十荡五决无当前"之势。这些话原是形容韩愈七古歌行的，此处用来形容韩、孟五言长篇联句，也很恰当。

然而，正因为篇太长，韵太险，字太僻，很难爽口，所以无法像白居易《琵琶行》、《长恨歌》那样直到今天还脍炙人口。倒不如他俩策演的《斗鸡》，后世一直感到生机勃勃。其惟妙惟肖之句，在北宋官场中常被用来形容一肥一瘦的"乌眼鸡"。请君屏息观看两鸡你死我活的恶斗吧！

大鸡昂然来，小鸡竦而待（愈）。
峥嵘颠盛气，洗刷凝鲜彩（郊）。
高行若矜豪，侧睨如伺殆（愈）。
精光目相射，剑戟心独在（郊）。

既取冠为胄，复以距为镦；天时得清寒，地利挟爽垲（愈）。磔毛各噤瘁，怒瘿争碨磊；俄膺忽尔低，植立瞥而改（郊）。膳腆战声喧，缤翻落羽皠；中休事未决，小挫势益倍（愈）。妒肠务生敌，贼性专相醢；裂血失鸣声，啄殷甚饥馁（郊）。对起何急惊，随旋诚巧绐；毒手饱李阳，神锤困朱亥（愈）。恻心我以仁，碎首尔何罪！独胜事有然，旁惊汗流浼（郊）。知雄欣动颜，怯负愁看倩；争观云填道，助叫波翻海（愈）。事爪深难解，嗔睛时未怠；一喷一醒然，再接再厉乃（郊）。……英心甘斗死，义肉耻庖宰；君看斗鸡篇，短韵有可采（郊）。

开始时，大鸡昂头挺胸，小鸡惕惕等待；峃峃然盛气凌人，抖擞着鲜洁的锦毛羽彩；高行阔步者不可一世，斜眼侧目者窥察着对方的破绽；四目相向，投射精光，两心各怀，充满杀机；那鸡冠像武士的头盔帽缨，那爪距像矛戟的锕套。天逢清寒，地处高燥。刷地一下羽毛倒撇，打个冷战，怒气迸发，颈毛勃鼓；（这是斗鸡中最形象之处）忽俯忽仰，忽立忽转；“咯咯”鸣喧，“咕咕”喊杀，白毛飞落纷纷。雌雄未决，休而复战；小受挫折，斗势倍增。这仇恨啊虽停顿而难解，这凶残啊恨不得啄你个粉身碎骨；浴血厮斗，发出沙哑的鸣声，殷血飞溅，仿佛饿虎扑食。忽而面对面高纵急跳，忽而喙对喙盘旋“算计”。那“石勒”（十六国后赵王）吃饱了“李阳”（石勒的同乡）的“老拳”；那“朱亥”（战国勇士）的大锤狠狠地砸着“晋鄙”（战国魏帅）。唉，人有恻隐之心，你何苦弄得“头破血流”！鸡啊，鸡啊，你有你的好胜之心，可我却为你们惊得一身冷汗直冒。斗赢的主人乐不可支，斗输的那家愁眉苦脸，可想而知；但此刻都担着一把汗。那旁观者乘肩堵道，一个劲地助威呐喊，山摇地动。然而两鸡依然张喙舞爪，难分难解；瞪目怒视，毫无颓色。越鸣越振，再接再厉。……他们宁可为主人战死“疆场”，不愿让厨子宰割烹调……

后来，陈褚玠（晚唐）、王褒（后周），梅尧臣、黄庭坚（北宋）、刘克庄（南宋）等都来“斗鸡”了，但那些从容不迫、独家经营的“斗鸡”篇章，都也比不上韩、孟“二将”的“仓促披挂”。

说也奇怪，韩、孟的长篇联句几乎超过了他俩各自的长诗。《吕氏童蒙训》说，江西派徐俯不相信孟郊会做出这么好的联句，猜想韩愈替他润色过，但黄庭坚却相反地认为孟郊替韩愈润色过。不管谁为谁润色，都说明联句可互相促进才思和口占能力，即使韩、孟这样的诗坛巨子也不例外。尤其在比试文才的场合，如同其他比赛一样。大家遵循“友谊第一，比赛第二”的原则，既争斗又协作，但不能让人一码，否则对方还以为你瞧不起他哩。韩愈以文入诗，喜用僻字冷韵，这就苦了他的联句对手。但若棋逢对手、将遇良才的话，那么，联句只会愈加精彩。王世贞虽有“和韵联句，皆易为诗害而无大益”的说法，但他又说“联句在于才力均敌”，这却是实话。唐文宗时咏牡丹出名的李正封，是韩愈的“劲敌”，他能救出被韩愈逼得“打出界”的“险球”，使全诗不即不离，愈演愈烈。他在元和十二年跟韩愈的《晚秋郾城夜会联句》中，主动首唱险韵，居然联至一百韵而毫无颓色，处处化荆棘为坦途。在《从军联句》中押“大水沙囊涸”，谁也不可企及。（据许彦周诗话，原诗已佚）

折服高丽使者

短的联句，尤其是短短二十字的五绝，要成为绝唱，必须束广就狭。在赛诗场合，要做得好，是不容易的。唐代诗人贾岛听说高丽使臣精于作诗，便扮作艄公，随使臣过海。使臣兴致勃勃地口占一联：

沙鸟浮还没，
山云断复连。

正当他思索如何续下去时，“艄公”不假思索地续了一联：

棹穿波底月，
船压水中天。

这一联意宇辽阔，笔力千钧，且诗眼“穿”和“压”未经人道过，画龙点睛，全首顿活。使臣“嘉叹久之”，从此“不复言诗”（《今是堂手录》）。使臣想不到一个“艄公”居然做出这么好的诗，那些倚马才子就更不用说了；而且用此二句续成五绝一首，此二句若非说尽当时气象，刹不住话头，使臣可能还要再续下去，造成五律乃至排律的架势，那时，还得贾岛来收尾，如同“打”成三比二或二平的情形，鹿死谁手就很难说了，到那时，“艄公”等于讨了一场没趣，莫说得到嘉叹，说不定高丽使还要笑你无礼呢！

民间还流传这样一则联句的故事：有一位自命为才子的人去拜访欧阳修，在路上与欧阳修相遇，一路同行，几次联句，都是此公发窘，欧阳修救险。因为欧阳修不曾“暴露身份”，此公便邀他同访欧阳修，并在搭渡船时吟道：

才子同登舟，
去访欧阳修。

看到他那副大言不惭的样子，欧阳修续道：

修已知道你，
你尚不知修（羞）！

最后一句嘲讽得巧妙而又风趣，令人忍俊不禁。

山外青山楼外楼

当然，联句也并非要求人人都像贾岛那样脱口而出或曹植那样七步成诗，但总不能像下棋那样磨磨蹭蹭，黏黏糊糊。只要你及时联下去，总还是好的。联句联不下去出洋相，古来不乏其例。

一种是与其发窘冷场，不如以俗对雅，倒可博个哄堂大笑，免扫大家的兴致。如苏东坡兄弟，幼时跟里人程建用、杨咨相会于草舍之中，在大雨中作六言联句。程、杨、苏轼先成前三句：

庭松偃盖如醉（程），
夏雨凄凉似秋（杨）。
有客高吟拥鼻（苏轼），

轮到苏辙，他却说出一句："无人共吃馒头。"引得三人大笑。确实，俗语俚词，对得越工整，越发谐噱。此处"馒头"一词本身并不俗，例如"土馒头"（坟墓）可对"铁门限"（跨不过去之意），但馒头的"头"对人类的"鼻"显得十分幽默，且"吃"字在古诗中用"食"表示，在近体诗中则常常避免直接说出，故乃俚词。又如徐文长《谐史》中一个笨公子以"屋里青山跳出来"对先生的"门前绿水流将去"，对仗十分工整，却完全不合情理，成了笑话。

苏辙也好，那笨公子也好，毕竟是小孩子，整天蹦蹦跳跳，满脑子馒头、枣子什么的，不足为怪。若是大人，特别是名士贤才，以俗对雅就糟了。清代苏州赵吉士《寄园寄所寄》引《梅窗小史》一则笑话，说的是“益都赵秉忠登状元及第。青州府有公宴，值大雪”，故乡父母官们客气地请他赋诗。赵公谦让，说让大家一起来联句。众官吏欣然赞同，一个个恭敬不如从命，题目自然是雪：

剪碎鹅毛空中舞（道台），
山南山北不见土（青州知府）；
琉璃碧瓦变成银（益都知县），

赵公竟以“面糊糊了青州府”作“压台”。若是换了个刘姥姥，众官必定笑得酒都喷出来了。无奈此公刚刚替故乡争光，官秩虽低，总是天子门生，宦程无量么，众官怎敢放声大笑呢！

也有以雅救俗的。传说乾隆下江南，便服游西湖遇雪，在一个屋檐下避雪。因为无聊，他一边看着纷纷扬扬的雪片，一边念念有词：

一片一片又一片，
二片三片四五片；
六片七片八九片，

这三句算是什么呢？诗不像诗，话不像话，而且第四句该怎么接？正在乾隆皇帝无法收场时，站在一旁的一位随侍文臣吟道：

“飞入梅花都不见。”乾隆大喜。因为有此一句，全篇生色，俨然一首咏雪的七绝呢！

在封疆大吏、高级行政长官面前比试才华，也不能以俗联雅。北宋大学士张诜镇守杭州，命才子刘泾（巨济）、诗僧仲殊，以西湖为题，即席赋词联句。刘泾出了个《减字木兰花》上阕：

凭谁妙笔，横扫素缣三百尺；
天下应无，此是钱塘江上图。

仲殊和尚立刻酬续下阕：

一般奇绝，云淡天高秋夜月；
费尽丹青，只这些儿画不成。

意思是说，你把月下西湖比作画图吗？可那湖光月色，谁也画不像！刘巨济原以为自己的比喻给仲殊出了个无边无际的难题，谁知仲殊非等闲之辈，他反将一军，诗意既不断，境界且更高一层。

下面由仲殊首唱，以梅为题：

江南二月，犹有枝头千点雪；

邀上芳尊，却占东君一半春。

他由梅及春，小题大作，竟使刘泾无法继续。按规矩，仲殊上阕既出，下面的事可以不负责任了。局面造成只好让第三者来收拾了。在座的北人陈袭善——名句“西湖水是相思泪”的作者——立刻替刘泾解了围，又为东道主张龙图挽回了面子。他先退一步，以便稳稳当当接住仲殊的话题。

尊前眼底，南国风光都在此。

然后猛“攻”还击：

移过江来，从此江南不复开。

你用一个“占”字，万象入壶；我用一个“移”字，袖揽乾坤，把你的风光“一锅端掉”。真是“山外青山楼外楼”，“才力”一个比一个大。

须知仲殊一向以艳丽和横放见长，其“三千粉黛，十二栏杆，一片云头”抵得上一篇《阿房宫赋》，可谓十二字真经。要与仲殊并驾齐驱，真不是轻而易举的。

水桶、锅子们的无聊

联句过程既有对立，又有统一，即使是对唱、赛诗，比个才力高低，也不能互相拆台。整篇联句，不管同心协力也好，同床异梦也好，都要使之“词贯意串”，如同一喙。如果各唱各的调，弄成一盘散沙，大家都不光彩。

上述韩、孟联句是朋友间亲密合作的硕果；刘泾、仲殊、陈袭善的联句是对立统一的佳篇；而汉武柏梁联句则是东一枪、西一棒的拙胜之作，要不是东方朔快刀斩乱麻，恐怕更散更拙了。下闻不妨欣赏一下更拙更散的所谓“四公子棋”式联句。

众所周知，唐代是诗歌的时代，上至帝王后妃，下至黎民百姓，都会作歌吟诗。联句同样十分普及，远不止《全唐诗》收录的那些。甚至老虎、公牛、苍蝇、扫帚、灯台、水桶、镬子，捣衣棒都会联句。当然那是在志怪小说中。常常是一个诸如成自虚、元无有、滕庭俊那般子虚乌有先生，上帝偏偏安排他们遇上一场倾盆大雨，或者迷了路错过了宿头，住进荒村废宅，月出人静，倾听那些鬼怪联唱。如维扬空庄四怪的联句，四怪居然以四个衣冠奇异的古人面貌出现在月光之下，一个个得意忘形，诗声朗朗：

齐纨鲁缟如霜雪，寥亮高声予所发（长人）；
嘉宾良会清夜时，煌煌灯烛我能持（黄衣人）；
清泠之泉候朝汲，桑绠相牵常出入（胖子）；
炊薪贮泉相煎熬，充他口腹我为劳（黑脸汉子）。

“长人”即捣衣棒，“黄衣人”即灯台，“胖子”即水桶，“黑脸汉子”即镬子。这四个不知天高地厚的家伙，即使不点破他们的真身，从自我介绍来看，也知是何等“人物”。他们居然采用了谜语式的联句来说明职务，让成自虚大费猜测。这样，就着实讽刺了那般假斯文、附风雅的人物。采用“四公子棋”式联句，越发显得捣衣棒等四位先生旁若无人，自以为是。当然，破镬、水桶等一群蠢物乃至历代后妃的“鬼魂”无非都是唐朝文人互相托名构陷的惯用工具而已，不然，他们怎能作诗联句？

薛涛、田洙月夜联句

传奇小说中才子佳人心心相印的恋歌，显然不能“同床异梦”地联句。凌濛初《二刻拍案惊奇》卷十七的入话，采用了李昌祺

《田洙遇薛涛联句记》这篇美丽的传奇小说。说的是明初广州田洙至成都做张姓富翁的西宾，暮春于桃林中遇到一位美人，因感激美人拾金不昧，登门拜谢，诗句酬酢之间，情入缱绻，遂成夫妇，每夜聚会，恩爱无移。后来事被东翁发觉，查明那宅院是“小桃花绕薛涛坟”（郑谷诗）的唐代女校书薛氏的墓地，这样，薛涛连同宅子都不得不退隐了。李昌祺借了田、薛二人之口，做了不少诗，其中有《月夜赓唱》排律，似乎仿效韩孟《城南联句》，多至一百韵：

庭月如铺练（薛），池星似撒棋（田）。天空河影淡（薛），节换斗杓移（田）。……缘深天作合（薛），誓重鬼难欺（田）。……媚人莺语滑（薛），恼醉蝶情痴（田）。……芝兰同臭（按：即“嗅”）味，（薛）松柏共襟期（田）。……泰山如作砺（薛），此志莫教亏（田）。

腻语绵绵，燕唱莺随，纵横铺叙，千情百景。最后以海枯石烂的盟誓收尾，非常流利自然。

不过，统观全篇风格，却像一个人的诗，不像联句。两人口气相同，才华彼此，一下子被人识破是作者的作品而不是小说男女主人公的作品。且薛涛的水平降低，也是一个明显的破绽之处。

唐伯虎、祝枝山戏赚盐御史

短篇联句当然不容易看出各自的个性和风格差别，尤其当联句诸人才力确实不分高下时。因此，我们不能用上例来苛求小说中的短联句。

明代画家唐寅和才子张灵有一次听说“骚人墨客”在聚会，便扮作乞丐去戏弄他们。两人受命当场联句，于是来个“欲擒故纵”的写作手法。张灵拈笔大书“一上”，唐寅夺笔添个“一上”，张又来个“又一上”，这样，第一句成了：

一上一上又一上，

唐寅不顾那些缙绅文士轻蔑的嗤笑，挥笔再书第二句：

一上直到高山上。

老先生们依然摇头的摇头，斜眼的斜眼。但等到唐寅写完第三句：

举头红日白云近，

他们才开始吃惊，屏息看张灵写第四句：

四海五湖皆一望。

张灵疾笔飞书罢，将笔一掷，众人惊呆了，有的喝彩，有的啧啧拈须，以为这么好的诗唯有唐伯虎才能写得出，殊不知唐伯虎就站在面前。但这班“天地玄黄喊一年”的老先生却还是遭到了捉弄：他们更不知张、唐两人只是点化了北宋寇准的诗句。

这个联句或许是小说家的凭空捏造，一如“吴中四杰”沈、祝、唐、文的轶事被添油加醋，借题发挥一样。“吴中四杰”，除诗人、画家沈周外，其余三人再加上杭州的什么周文宾，在小说家的笔下，成了逢场作戏、爱打抱不平、诙谑幽默，乃至恶作剧的人物，比起单枪匹马的徐文长，阿凡提来，他们可谓“角色”齐全。其中书法家、散曲家祝允明有幸成了“小花脸”。其实，历史上的祝允明并非如此，连不同流派的诗人王世贞也说他经常遭人欺骗愚弄，怎么会是占人便宜的滑稽家呢？（《弇州诗话》）

下面一首唐、祝联句可能有几分真实，因为它出自较严肃的纯文学家乃至稗官们的笔记小说。清唐仲冕《六如居士外集》说，唐祝二人游扬州化完了资斧，恰巧听说一个盐御史正在大肆苛捐杂税，便扮作道士前去募捐修葺苏州玄妙观的银子。御史大摆官架子，要轰两道出去。凭着两人的唇枪舌剑，左一个明公，右一个贤者，给御史戴了许多高帽子。御史没法，想难他们一难，随便指着阶下的牛眠石，请两人联句，殊不知正好中了圈套。两人一褡一裆，顷刻而成：

嵯峨怪石倚云间（唐），抛掷于今定几年（祝）；
苔藓作毛因雨长（唐），藤萝穿鼻任风牵（祝）；

从来不食溪边草（唐），自古难耕陇上田（祝）；

怪杀牧童鞭不起（唐），笛声斜挂绿杨烟（祝）。

御史看罢好诗，欣然下令长洲、吴县拨五百两纹银修葺玄妙观，并手书檄令交给二道。及至他按临苏州，看到道观“倾圮如故”，召问知县，才知上了唐祝二人的当。那联句难保不是一“石”二鸟，但外围手法依然是“唐祝故伎”。

大观园雪中莺语滑

现在让上流社会的“刘三姐”们——《红楼梦》金陵十二钗的正副钗们给我们上一堂长篇争联式联句课吧！尽管这不过是曹雪芹一手策演的“联句”，但在“第一才子书”作者的笔下，每位少女都活生生地联出、争出了各自的个性、风格和特长。

芦雪亭外一片琉璃世界，珠玉乾坤，脂粉娇娃们正在嚼膻啖腥，凤姐儿恰好飘然过此，闻到诱人的鹿肉香，便闯入了女才子们的文雅圈子，也参加了联句。一者大家尊重这位“财务大臣”，二者是“老大粗”也要附附风雅，于是王熙凤义不容辞地首唱。女孩子们自然担心风辣子给大家佛头着粪，一个个捏着把汗。试想，首唱者一旦离了谱，如果再加上第二、第三人悬崖撒手，纵有林黛玉、史湘云那几只“千钧”玉腕，也难以“勒住”诗题了。想不到王氏听了一夜北风，今朝顺当地开了个“一夜北风紧”的好场面，深浅适中，不雅不俗，给众人留下了写不尽的地步，开了个可古可律的好开端。众女子惊喜之余，诗潮跟雪花一起翻滚起伏，纷纷扬扬，一个个争先恐后，抢着联下去。

长篇联句，像写文章一样，最好是乔梦符（乔吉）说的“凤头，猪肚、豹尾”，换言之，头要开得好，中间能铺叙展开，尾要收得有力。因此，精彩部分自然不在前半部分，而在接近收尾的后半部分，否则成了“虎头、蛇尾”了。当着联句诸人才力有所参差时，为了服从全局，虽属争联，那几个举足轻重的人物不能抢在前头。所以，接住王熙凤“话头”的是珠嫂李纨的续唱：“开门雪尚飘：入泥怜洁白”，一者点明了咏雪这个题目，二者说明雪还在下，进一步拓宽了话题。嗣后，自然是刚入诗门，跃跃欲试的香菱，“大历十才子”之流的探春、李氏二妹、邢岫烟等，不过香菱的“匝地惜琼瑶；有意荣枯草”倒还不像个新手呢。

也许是兴致尚未来足，所以诗词“宿将”林黛玉、“急先锋”史湘云等大家无非因“练练嗓子”而偶然续上两句而已。即使如此，“斜风仍故故”、“龙斗阵云销”等句已显得杀气初凝了。更不料沉不住气的史湘云被薛宝钗的佳句“鳌愁坤轴陷”（坤轴，地轴）逗起了憨劲，精神陡发地抢过薛家姊妹的话头。林黛玉见“火候”已到，当然不甘落后，下面几乎就是史湘云跟林黛玉、薛宝琴“一对二”的争锋了。然而，联句外的情节描写，其笔墨也有不同；女“维崧”（维崧，索隐派红学家所指的清代词人陈其年之名）忙得呷一口茶，丢下茶杯就接唱；女“彝尊”（这里姑指朱彝尊，并非林黛玉之索隐）却不慌不忙，沉着应战，有时还提醒“大智若愚”的贾宝玉来两句。湘云的豪放，黛玉的典雅，宝琴的隽逸，各展其长，直斗得其余女子成了看热闹的旁观者。偶然插进薛宝钗清芬娟致的一二联，也被史湘云迫不及待地抢续了去。到后来，简直成了“短兵相接”的“快攻猛打”，联句也达到了高潮。如“天机断缟带，海市失鲛绡”，“石楼闲睡鹤，锦罽（毛毡）暖亲猫”，“月窟翻银浪，霞城隐赤标”，连珠炮般出笼。预示着联句接近尾声了。

史湘云也笑得没气力了，于是黛玉开始收敛：“无风仍脉脉”，风止了，雪也盛而无声了。薛宝琴“不雨亦潇潇”进一步收敛。李纹、李绮的“欲志今朝乐，凭诗祝舜尧”宣告全诗善终。既然这样收尾，史湘云也绝不东山再起了。此诗虽说韵不险，语不惊，未足方驾韩、孟、李正封，但这一条“雪龙”也算首尾完美、姿态千般了。

这里又能看出，咏物长篇跟短篇不同，不能按王士禛云中藏龙，只“露一爪一鳞”的学说办，要铺叙就得像洪说的“首尾爪角鳞鬣”齐备。尤其当七嘴八舌、争先恐后之际，你不能封住别人的嘴。只要众人不离题，形也好，神也好，直接描写也好，旁敲侧击也好，龙睛龙爪不离乎珠，狮头狮尾不舍开球，搞出一个浑然一体的名堂来，就算合作成功。

长篇联句最易遇到也是最难处理的倒是险韵问题。险韵往往卡住了“诗喉”，使人续不下去，即使像林、史凹晶馆咏月那样用了不算太窄的“十三元”韵（相当于广韵元魂痕三部），当着上联用意促狭时，下联也会有险韵出现。如林黛玉的出句“阶露团朝菌”，朝露团团，一个“菌”字又白又嫩地衬托出欲敛未敛的月光，一下子难住了史湘云。史倒背着双手踱来踱去，沉吟再三，忽然对出个“庭烟敛夕棔”，使黛玉拍手叫好。棔是夜合花之类的东西，其字虽冷僻，但“十三元”中别无他字可以十分工整地与“菌”字对仗了，而且一个“敛”字又形象地点绘了烟收月出的意境，故而意义上、用韵上非“棔”莫属，“棔”虽险而犹坦，绝非凑韵。

击石何须博浪椎

纵观古来联句，大多用于宾友酬酢，作于饮宴游乐，正如中唐古文家吕温下的“属物命篇，联珠叠唱”的定义和诗人白居易写的“秋灯夜写联句诗，春雪朝倾暖寒酒”那样，似乎联句跟咏物、跟风花雪月结下了不解之缘。可能这个缘故，造成《辞海》所下的古来“绝少佳作”的结论。

这也是事实：联句本来就少，如今更罕见。笔者并非杞人忧天，但若不扫除对“风花雪月”的顾虑，非但联句，就是旧体诗词也很难拓展。

跟普通诗词创作一样，联句的题材也有涉及国是民情的现实主义战斗篇章，如章太炎、邹容的狱中联句便是投向清皇朝的一支匕首：

击石何须博浪椎（邹容），
群儿甘自作湘累（章炳麟）；
要离祠墓今何在（章炳麟），
愿借先生土一抔（邹容）。

张良、屈原、要离三人的掌故，激励着两位革命志士敢作敢为、忧国忧民、不屈不挠的精神，汇成了他俩视死如归的大无畏气概。用联句形式表示弟承师志，同仇敌忾，互相勉励，比各人写一首更有意义。

也有明显地借风月寄托情怀的。如1944年2月23日剧作家于伶三十七岁寿辰，夏衍等人联句贺祝的绝句诗：

长夜行人三十七（乔冠华），
如花溅泪几吞声（夏衍）；
杏花春雨江南日（胡绳），
英烈传奇说大明（廖沫沙）。

诗中嵌集了于伶的四个剧目：《长夜行》、《花溅泪》、《杏花春雨江南》、《大明英烈传》。郭沫若嫌“吞声”二字太悲观，便改作：“大明英烈见传奇，长夜行人路不迷；春雨江南三七度，如花溅泪发新枝。”意义上更高了一层。

也有的联句于写景中寓理趣。如夏承焘、吴鹭山两位先生同寓西湖罗苑时，一夕闲眺，夏先生偶拈两句云：

我羡游人泛泛舟，
游人羡我水边楼。

吴先生续了两句：

何如人我俱无羡，
渺渺烟波点白鸥。

然而，毕竟是不露锋芒的吟风弄月居多，纯粹写景咏物的居多。

这里需要一分为二，许多优秀诗作不是意在言外，就是情在景中，未可一言以蔽之。况诗贵含蓄，与散文不同，往往作者所言之志不在字面之上。于是同一首诗产生了后人的不同理解，仁者见仁，智者见智。李商隐的《无题》诸章，有人以为是政治诗，有人以为是爱情诗，莫衷一是；西昆体的名公巨卿杨亿、刘筠、钱惟演，既然效法李商隐，那么，他们的咏烛、咏落花，也不能断言无所寄托。再拿句句不离鸡的韩、孟《斗鸡》篇来说罢，公子哥儿看到的是乐趣，政客们看到的是勾心斗角，武士们看到的是一往无前的献身精神。是褒，是贬，是歌颂，是讽刺；是赞扬大鸡还是小鸡，是赞一个贬一个，都不能肯定，也都无法否定。

斗鸡，可能比修月弄云、吟花赏雪更浪漫，更“不正经”；“樱桃樊素口，杨柳小蛮腰”，或许比“章台人去骨遗香”更“香奁”。难道是许多人碍于韩文公、白文公的大面皮而不置一词吗？否！天生是好作品么。《辞源》一再引用《斗鸡》篇中的词藻和断句。岂能以题材和字面来决定诗作的“命运”呢？当然更不能以体裁或创作方式来褒贬作品。相反地，那些哂笑“王、杨、卢、骆当时体”的文章，倒被湮灭在万古长流的江河之中了。

风花雪月，对不同的人们来说，会引发不同的情怀，有人说“中国的月亮圆”，有人说“外国的月亮圆”。草木无情，人而有情，“感时花溅泪，恨别鸟惊心”（杜甫），“桃花依旧笑春风”（崔护），“嫣然一笑竹篱间”（苏轼），“她在丛中笑”（毛泽东），同样是花，一哭三笑，各有不同的感情。过去，无数英雄为了保卫祖国的一草一木而付出了宝贵的生命；今天，我们才得以放声吟赏“杏花春雨江南”。过去，有多少人梦寐以求他们自己诗篇中的美好景象，如郁达夫（郁文）先生 1917 年 8 月 9 日与其兄郁浩的江畔联句的太平气象：

秋月横江白（浩），渔歌逼岸清（文）。

众星摇不定（浩），一雁去无声（文）。

山远烟波淡（浩），潮来岛屿平（文）。

三更群动息（浩），好梦满重城（文，袭用曼陀先生句）。

今天，我们为什么不敢大胆地叠咏山川草木，联唱风花雪月呢?

第三章

集 句

关公战秦琼

记得某年迎春征联，有个以长城为题的集句联，上联是：

水木荣春晖（李白），

柳外东风花外雨（虞集）。

好一幅风调雨顺的初春媚景，激起了多少中华儿女的如涌诗思！应征联自然不乏佳构，潘江陆海，各逞才华。但令人惊叹弗如的却是北京喻松青女士的下联：

江山留胜迹（孟浩然），

秦时明月汉时关（王昌龄）。

如此地用长城特写我国上下数千年壮丽山川和华夏文明，以时间对上联的空间，真可谓巧夺天工。上下联浑然一体：上得天时，紧扣迎春；下得地利，紧扣长城。意境雄绰，主题鲜明，难怪她"长城杯"夺魁了。

人们在一唱三叹之余，或许会说《唐诗三百首》我背得挺熟么！唉，我们搜肠刮肚，挑灯切磋，串亲访友，翻遍书柜无寻处，倒被她"得来全不费功夫"！

集句，就是这样地逗人乐趣，又如此地发人思维。这副对联集合了四个人的诗句：三个唐人，一个元人。听过侯宝林先生说相声的或许还记得，那位老太爷为了给山东人争口气，强令唐朝的秦琼务必战胜汉朝的山西人关羽。而这里简直像秦琼独战刘、关、张了。

的确，集句就是拼凑前人的诗句文句，成为自己的作品：为诗，为词，为曲，为散文，为骈骊；可用作楹联、序跋、字帖、格言、座右铭，等等。古为今用，前为后用，他为我用。而且，往往把不同朝代、不同籍贯、不同身份、不同流派、不同政见的古人强凑到一块儿，甚至童叟“合席”，男女“联镳”，而不管古人乐意不乐意。这种武断的做法真令古人啼笑皆非。宋代苏东坡收到孔武仲所赠联集句后，开玩笑说：“你这样做，韩愈要惊笑，杜甫要哭，还要问你借用多久才还哩!”清代诗人朱彝尊的《鹧鸪天·镜湖舟中集句》：

南国佳人字莫愁（韦庄），步摇金翠玉搔头（武元衡）。

平铺风簟寻琴谱（皮日休），醉折花枝作酒筹（白居易）。

日已暮（郎大家），水平流（白居易），亭亭新月照行舟（张祜）。

桃花脸薄难藏泪（韩偓），桐树心孤易感秋（曹邺）。

他借了八个中晚唐诗人的诗句，仿佛八仙过海，其中有个何仙姑，那就是女诗人郎大家，杂在须眉队中。然而不用担心，古人绝不会因为“男女授受不亲”而提出抗议，反而要感激你为他们作了义务宣传员呢，尤其是宣扬了他们冷门诗句，或者让二三流的诗人跟赫赫有名的大家例如杜甫、白居易们平起平坐，正如苏东坡说的家鸡跟鸿鹄配对，他们在九泉之下定会感到万分荣幸。

谁首先给古人拉关系

普遍认为，集句起自王安石（如宋王直方、明李东阳、清何文焕等）。但也有人不同意让王安石当鼻祖，清人黄协埙认为“集句之体，始于东坡兰亭诗叙”。其实早在宋代就有人把王安石推下了“第一把交椅”：《西清诗话》列举石延年的集句“年去年来来去忙，为他人作嫁衣裳，仰天一笑出门去，独对春风舞一场”，而石比王略早些；蔡宽夫列举至和年间成都胡归仁的“安定八体”（即八句的集句律诗），则就更早了。

这样看来，似乎宋人首先给唐人“牵线搭桥”了。然而并非。陈师道指出，唐人就有一种号称“四体”的集句律绝了。尽管这种集句已经散失殆尽，但也不能否定唐代集句的存在，起码集句在残唐五代就有了。

后来，明代杨慎发现西晋傅咸的《七经诗》是集句，从而把集句的起源推前了八百年。傅咸分别集《孝经》、《论语》、《左传》、《周官》、《周易》、《诗经》为诗，共十首，如《毛诗》诗之二：

聿修厥德（《大雅·文王》），令终有淑（《大雅·既醉》）。勉尔遁思（《小雅·白驹》），我言维服（《大雅·板》）。

盗言孔甘（《小雅·巧言》），其何能俶（《大雅·桑柔》）？谗人罔极（《小雅·青蝇》），有靦面目（《小雅·何人斯》）。

虽然这些格言式的集句“味同嚼蜡”，但傅咸毕竟当上了集句的发明创始人。

胡笳再拍十八

也许因为傅咸单枪匹马，在“叛散五经，灭弃风雅”（仲长统语）的魏晋清谈玄言中全无振臂一呼的号召力吧，傅咸之后，集句冷落了八百年，至北宋中期才又“热闹”起来。所以，许多人公推王安石当世祖也不无道理。王安石确实是集诗为词的发明家，而且他集诗为诗长至百韵，云锦成章，天衣无缝，作为万世集句表率，也是当之无愧的。你看此老模仿蔡文姬《胡笳十八拍》，居然用唐人的现成话又拍了十八下。举第六首为例：

青天漫漫覆长路，一纸短书无寄处。

月下长吟久不归，当时还见雁南飞。

弯弓射飞无远近，青冢路边南雁尽。

两处音尘从此绝，唯看东西望明月。（青冢，王昭君墓）

跟他的《明妃曲》有异曲同工之妙。又如《虞美人》：

态浓意远淑且真，同辇随君侍君侧，六宫粉黛无颜色。楚歌四面起，形势返苍黄。夜闻马嘶晓无迹，蛾眉萧飒如秋霜。汉家离宫三十六，缓歌慢舞凝丝竹。人间举眼尽堪悲，独背苍崖结茅屋。美人为黄土，草木皆含愁。红芳紫苔处处有。听曲低昂如有求。青天漫漫覆长路，今人犁田昔人墓。虞兮虞兮奈若何，不见玉颜空死处。

虞姬这个西楚霸王的爱妃，历来被诗人用作感叹“楚汉兴亡两丘土”的题材；霸王别姬，也常作戏曲、美术的题材。由于她是完美无缺的美人，由于她作了改朝换代的牺牲品，所以引起人们对她尸首、墓址的考证和长期争议。清人许奉恩还特地撰写一篇传奇小说，说当时献给汉将吕马童的首级不是她的，以此安慰人们对她的千古哀思。（见许叔平《里乘》）

王安石的这篇集句，也属感叹性质。所不同的是，从项羽到顾况，从杜甫到李贺，许多人“加入”了他哀叹虞姬的“队伍”。而且此诗一气呵成，若不点破本诗，许多人还以为是王安石自己吟出来的呢！

那么，为何集句到宋代才引人重视而又被王安石着意从事呢？我以为自晋至唐，诗歌正处于从发展到鼎盛的阶段，即使到晚唐五代，“夕阳无限好”，也还有诗可做。到了宋代，却有“诗已被唐人做尽”的错觉，似乎“崔颢有诗在上头”，应当搁笔了，或者应在体裁和形式方面别开天地了。加上宋人对唐诗的爱戴，吟诵把玩之余，或是模仿唐人风格，如林逋、魏野、潘阆的晚唐体，江东三虎的西昆体等，或是标立唐人门户，如江西派等，有的就干脆做唐诗的“裁缝”了。这都是很自然的。作为《唐百家诗选》的编辑，王安石大量地集唐，自有他的情趣所在。而且，浩如烟海的唐诗在他的脑海中好比生药铺一样，他可以随心所欲地撷取君臣佐使，配味成方。从这里可以看出，集句必须建立在酷爱诗词、熟览诗词的基础上。所以人们往往把集句家说成“诗迷”或“词迷”。

是百家衣吗

由于集句是古今中外独特的诗文创作方式，而且是“剽窃”多人成果产生的“四不像”，所以自古至今一直遭人白眼。王安石是“世祖中宗”，当然成了众矢之的。大诗人黄庭坚讥讪王安石缝制“百家衣”——小儿花衣服之类的东西。江西派的诸公因此把它当成话题。连说句公道话的金代王若虚也认为集句是“词人滑稽”之作。

不知为何，黄庭坚老是跟王安石过不去，还说他是“点金成铁”手。诚然，王安石确实经常变前人的惊句为死灰，例如把王籍的“鸟鸣山更幽”点化为“一鸟不鸣山更幽”，好比一瓶茅台倒进一桶水里一样，淡而无味。但他照搬古人诗句，倒反而使吕洞宾“点铁成金”退避三舍了。如《老人行》中的“翻手为云覆手雨，当面输心背面笑”，比杜甫在原诗《贫交行》和《莫相疑行》中还贴切，连江西派的王直方也称赞他“对偶亲于本诗”哩。又如《南乡子》金陵怀古可与他的《桂枝香》媲美：

自古帝王州，郁郁葱葱佳气浮。四百年来成一梦，堪愁。晋代衣冠成古丘！绕水恣行游，上尽层城更上楼。往事悠悠君莫问，回头，槛外长江空自流。

《浣溪沙》则另辟柴门，用古人的观宇、回廊、桃杏、清溪，摆设出他半山老人晚年静穆的村野风味：

百亩庭中半是苔，门前白道水萦回。爱闲能有几人来？小院回廊春寂寂，山桃溪杏两三栽，为谁零落为谁开？

无论作诗填词，都“词意相属，如出诸己，他人极力效之，终不及也”。

如果黄庭坚讥讪王安石是出于政见不同，那么他怎样嘲笑司马光咏妓的集句（如“惊回一觉游仙梦，又逐流莺过短墙”）呢？如果出于文人相轻，那么他作为苏门四学士之一，又怎样看待苏东坡的集句呢？更何况他自己也搞八音诗、药名诗等文字游戏，还把船子和尚的诗铺衍为词，不知他如何想的？南宋朱熹说他“信笔乱道”，我们也就让他黄九去“信口开河”吧！

纵观古今，善作集句的人，大多是盖世才子、一代名流。其中有“千古文章四大家”之一的苏轼，两宋诗文的殿军、民族英雄文天祥，明代开国功臣刘基，参与编修《永乐大典》的李昌祺，著述丰富的四川状元杨慎，清代浙西派大诗人朱彝尊，兼通中西两学的梁启超，近代新文艺先驱者弘一法师李叔同，著名画家张大千，文学家郁达夫，四火旧体诗人之一的“刘眼波”刘大白，等等。看来，集句并非都是词章家搞滑稽，集句者也不都是饱食终日、无所事事的百无聊赖分子。可是，黄庭坚死了将近九百年，至今板着脸孔对待文字游戏的，大有人在。

然而，“凤毛麟角”往往是“稀世奇珍”，文字游戏玩得好更能体现一个人才华横溢，游刃有余。上述文人学士之所以能为集句，起码是诗文博览强记之故。即使如此，这种拼“七巧板”玩“积木术”也绝非儿戏。人言“熟读唐诗三百首，不会吟诗也会吟”，但不等于“不会集句也会集”，要像一般诗词创作那样信笔、口占，恐怕三百首还远远不够呢！

拉大旗作虎皮

不过话得说回来，“不屑为之”的士大夫并不都是不会集句的庸才。从司马光集句咏妓中，我们倒可以悟出一个道理：有些时候那班有身份的文人似乎假借古人诗句替自己说话，以避免旁人不必要的闲言闲语。有的甚至隐姓埋名，宋代就有不少无名氏的集句，清代还有不少“半无名氏”，例如什么“缕馨仙史”、“梦花仙史”等等“犹抱琵琶半遮面”的人物。低级的韵小作品自当别论，讽人嘲人的作品则常常因怕“君子与小人一般见识”而采用集句。清代乾隆年间纪晓岚为了嘲讽那些误投虎狼药、害人致命的“胡庸医”，巧妙地在杜甫《兵车行》和李商隐《马嵬》中各采一句，集合为联：

新鬼烦冤旧鬼哭，
他生未卜此生休。

集句于古于今，主要是一种有趣的创作享受，是调剂精神生活的手段之一。倘若你真的因着害怕针砭别人有失诗人“温柔敦厚”之旨，那么，拉出李太白、杜工部、韩昌黎、柳河东来作“虎皮”，也未尝不可。

集句缚不住苏东坡

做集句，难就难在自己的思想感情不能用自己的语言表达，而非得从古人的诗章中找出适当的句子，一字不易地借用。这样，往往就有束缚感，有时抱怨成句中某一个字妨碍了自己的对仗或意义上不太贴切，但又找不到更合适的句子，只好勉强凑合着用，这样的集句就不佳了。也有削足适履的例子，如《宣和九重乐府》所载的《调笑》：

相误，桃源路，万里苍苍烟水暮，留君不住君须去，秋月春风闲度。桃花零乱如红雨，人面不知何处？

集句固佳，确实可列曾慥《乐府雅词》之首，但毕竟给白居易和崔护的诗句动了些“手术”。这种集句可称之为“减字集句”。

向称“曲子里缚不住”的苏轼则不然，前人的成句丝毫也束缚不住他那支“龙飞凤舞”的如椽大笔。如他的集句《南乡子》：

怅望送春归（杜牧），渐老逢春能几回（杜甫）？
花满楚城愁远别（许浑），伤怀。何况清丝急管催（刘禹锡）。
吟断望乡台（李商隐），万里归心独上来（许浑）。

景物登临闲始见（杜牧），徘徊。一寸相思一寸灰（李商隐）。

流年春去，旅怀乡思，通过集句方式表达，仿佛让古人你一句我一句地交织出“画外音”，益发显示出作者此时此地的如麻方寸；然而字面上却像说家常话一样鱼贯而出，没有语无伦次之感。不过因为两字句在唐诗里实在罕见，而《南乡子》非得有两字句不可，所以苏轼只好搞“添字集句”了。比较起来，添字比减字好些。

若将昔人成句改头换面，融他人之句为己作，或隐括前人篇章，纵然青出于蓝，也只能说是“亚集句”或“准集句”了。王安石《桂枝香》、苏轼《哨遍》、辛弃疾《水龙吟》、《踏莎行·集经句赋稼轩》等等，即属此类。宋人沈公述那首著名的《念奴娇》，据《京本通俗小说·西山一窟鬼》说“皆是集古人词章之句”，其实也是走了样的集句。请看说书人对上半阕的解说：

杏花过雨（陈克“杏花残雨滴”），渐残红零落胭脂颜色（李清照“零落残红似胭脂颜色”）。流水飘香（延安李氏“流水飘香乳燕啼”）人渐远，难托春心脉脉（僧宝月“脉脉春心，情人渐远，难托离愁”）。恨别王孙，墙阴目断（欧阳修“墙阴目断无人到。恨别王孙愁多少”），谁把青梅摘（晁补之“记得当初共伊把青梅来摘”）。金鞍何处，绿杨依旧南陌（柳永“金鞍何处寻芳径，绿杨依旧南陌静”）。

更有元代孙季昌《集赤壁赋》为套曲（仙吕调）：

〔点绛唇〕万里长江，半空烟浪，惊涛响，东去茫茫，远水天一样。

〔混江龙〕壬戌秋七月既望，泛舟属客乐何方？过黄泥之坂，游赤壁之旁。银汉无声秋气爽，水波不动晚风凉。诵明月之句，歌窈窕之章。少焉月出东山上，紫微贯斗，白露横江。

〔油葫芦〕四顾山光接水光，天一方，山川相缪郁苍苍。……

气势磅礴，不减两赋，但减字、添字、颠倒字序、夹文夹白，应有尽有，不仅对前后《赤壁赋》动了“大手术”，而且掺入了苏轼的其他诗句，甚至把黄庭坚的“四顾山光接水光”也搭了进去。这也是一种准集句。

张公吃酒李公醉

集句在字面上固然贵在保持成句的完整，但意义上却贵在脱胎换骨。集闺情而咏闺情，集台阁而咏台阁，只能说是移花接木，可贵的却是“张冠李戴”。

虽说“世间好句世人共”，但同一成句到了不同集句者手里却派不同用处。晚唐郑谷的咏燕诗“年去年来来去忙”诸句和秦韬玉贫女诗“为他人作嫁衣裳”句，是宋人的“热门货”，石延年用来比功名，司马光用来比官妓，无名氏用来比喻老翁讨幼妻，意义上有天壤之别。可以说，与本诗主题越“南辕北辙”，就越有情趣。纪昀的联语好就好在把批评唐玄宗穷兵黩武的“新鬼烦冤旧鬼哭”和杨贵妃为皇捐躯的“他生未卜此生休”信手拈来，丝丝入扣地套在“胡庸医”头上。恐怕子美、义山也会破涕为笑呢！这两句在本诗里不与对句对仗，但却是难得的句中对，被纪昀这个《四库全书》的“大裁缝”一缝，不但灭了针缝，而且对仗十分工整典雅。

大宋宣和年间刀笔小吏宋江，具《鹧鸪天》更有化腐朽为神奇之妙：

身贱多惭问姓名，气狂羞与斗牛平。侧身天地更怀古，活得苍生几户贫？期郭解，效虞卿。剑横天外八风清。生平志业匡唐舜，还待中原歌太平。

杜甫向郑公严武表白的肺腑衷肠，李山甫刺长安公子花天酒地的不平之词，《秦妇吟》秀才韦庄的旅途抒怀，想不到在这里磨砺着义士胸中万古刀。

虽说这首词是否后人依托还值得考证，但除了农民起义首领，任何文人不会有如此包天义胆、盖地忠肝。（按：“平”和“贫”，

"清"和"卿"押韵，正是宋人格律严谨、用韵混乱的特色）

留取丹心照汗青

当然，这里并非给集句者订清规戒律，自古以来，集句也没有什么法则可循。可以说，会做诗词的人都会集句，不必重新拜师求学。至于做得好不好，那全在于各人的"裁"、"缝"本领，"裁"，靠文学修养，"缝"靠艺术修养。"裁"和"缝"、"运"和"用"显然必须同时进行，这里分题讨论，无非为了叙述清楚，并不意味着分两步走。

从取材来说，浩如烟海的经史子集都是你纵横驰骋的天地，教你一辈子也渔猎不尽。在全部"遗产"面前，可以说"人人平等"，不必担心无米之炊，问题仅在于各人的熟悉深度和广度。采撷面也不受限制：既可集唐，也可集宋；既可集陶，也可集苏；甚至一首中可集上古秦汉三国六朝隋唐五代宋元明清。采撷面窄，显得你对这一朝代或这一家钻得深；采集面广，显得你博览多闻。

宋末信国公文天祥集杜甫一家之言为诗，多达两百首。虽说杜甫诗作丰沛，"镌雕物象三千首，照耀乾坤四百春"（秦观），对于已处于"天荒地老一身轻"的文天祥来说，集几首杜诗是易如反掌的，但要集成二百首，其艰巨程度却是匪夷所思的。何况身陷囹圄，无书可查，要不是平时娴熟杜诗，怎么能一字不易地集几万言呢？而况观之则"嚼穿龈血"、语无伦次；发之则从容不迫、一字一珠；读之则"骚可为册，策可为史"：

南极连铜柱（《送李晋肃入蜀》），
煌煌太宗业（《北征》）；
始谋谁其间（《苦热呈阳中丞》），
风雨秋一叶（《故李光弼司徒》）。

造成"三百年宗庙社稷"一旦倾覆的还不是贾秋壑（贾似道）

一叶？想当初，理宗、度宗犹能惨淡经营那半爿金瓯，如今“龙虎散，风云灭”。

先帝弓剑远（《送谭二判官》），
永怀侍芳茵（《送汝南郡王琎》）；
今朝汉社稷（《喜达行在所》），
为话泪沾巾（《送司马入京》）。

宋朝大厦呼啦啦已倾，故园蓬蒿，故人寥落，自然不敢想象：

故园花自发（《忆弟》），
无复故人来（《昔游》）；
乱离朋友尽（《遣怀》），
幽佩为谁哀（《雨》）！

如此集一家之言者，后世虽不乏佳构，但数量上都不及文信公了。其中突出的是清末梦花仙史无题五十首，俱集李商隐的诗句。宋末张炎的《山中白云词》常被清人单独“采访”，如江集张为词，任迪琮集张为联等。清末楹联家雷黯集袁子才一家之诗为联，如“万片绿云春一点；千寻飞瀑月三更”，“黄粱入梦刚三鼓；风雨怀人各一天”，“四面春兰半帘雨；千条红烛两枝花”，等等。近人刘大白曾集温庭筠古诗为仄绝：

红丝穿露珠帘冷（《春愁曲》），
四座无喧梧竹静（《谢公墅歌》）；
绮阁空传唱漏声（《晓仙谣》），
阶前碎月铺花影（《生禖屏风歌》）。

郭沫若集毛泽东诗词：“江山如此多娇（《沁园春》），飞雪迎春到（《卜算子》）；风景这边独好（《清平乐》），心潮逐浪高（《菩萨蛮》）”，是书法家伸纸濡毫之时一再引用的佳联。

也有集一本书的文句为联者，如集《文心雕龙》：“修词立诚，在于无愧；造物指事，莫非自然。”当然同一首中不能集同一本诗（母诗）中的句子，尤其是连用同一联。如有人把王维“城外青山如屋里，东家流水入西邻”作为集句联，在书法家来说是允许的，对集句者来说则是集句概念的模糊。但若把一首诗的各句顺序颠倒，重新组织，倒也是别出心裁的集句：

一片冰心在玉壶，
平明送客楚山孤；
洛阳亲友如相问，
寒雨连江夜入吴。

本诗是王昌龄在芙蓉楼送别辛渐，此处却是某个幽默家“遥送”吴佩孚解甲入蜀。冰心变成心灰意冷，入吴变入蜀，东辕西辙，在洛阳遗老面前虚晃一枪，真是妙不可言，令人哑然失笑。

若集二家，特别是作楹联，最好是齐名的两家。广东观音山三君祠集联，有李杜诗句左右雄峙，何等阔绰：

海气百重楼，总为浮云能蔽日（李白）；
文章千古事，萧条异代不同时（杜甫）。

若将李白搭配某个明清诗人，就显得头重脚轻了；若配以蔡京、严嵩或阮大铖，那更是“寒鸦配凤凰”了。尽管我们不能因人废言。

指麾历代如转蓬

如集历代诸家，须注意古今语词的差异。我不主张“混血儿”式的集句，即取材上古（古体）律（近体）串用、文韵合璧、诗词联袂。因为各种体裁的文学作品，其产生时代不同，用语不同：《诗经》中用“思”、“兮”，《楚辞》中只用“兮”；汉魏古风中用“云”、“言”，唐宋白话中用“道”，“说”；古用“将”，宋用“倩”；唐诗中常见的“何当”、“无那”到宋词中变成“何时”、“无奈”；那“之乎者也”置之古风显得格调高古，置之宋词则本色丧尽；反之，宋人的“巴鼻”，跟唐人的“凭、由”无法和平共处；元曲的“也么哥”也与风骚中的“止、只、哉”水火难容。辛弃疾

《忆王孙》集句：

登山临水送将归，悲莫悲兮生别离。不用登临怨落晖（杜牧）。昔人非（苏轼），惟有年年秋雁飞（李峤）。

其中第一、二句若采自唐代武昌妓续韦蟾诗，则连用了两句；若采自屈宋，则跨过了中古八代，直到东坡，内中有楚骚，有律诗，有词句。幸而这几句古今差别不大，且辛弃疾一向以文入词，故自有才人伎俩。倒是孙季昌的《集赤壁赋》，以文入曲，未免行天入地了。

当然诗文合璧合得好的集句也不少。如集《祢衡传》、东坡诗为联者："大儿孔文举，小儿杨德祖；前身陶彭泽，后身韦苏州。"若用于祝贺一父二子的书香门第，受惠者必定连声"不敢当，不敢当"。此例中的语言虽文犹诗，亦诗亦文，故而毫无"植皮"、"输血"中的排斥反应。

辅佐朱元璋建立明王朝的诚意伯刘基，既能"指麾楚汉如转蓬"（李白句），同样善于驾驭中古八代的诗人：上至帝王后妃（如梁武帝、班婕妤），下至青衿布衣（如孟郊、无名氏），无不被他揽入清新潇洒的吟席中。跨度千年的前人诗句在他的"棋盘"上如行一路，如《菩萨蛮》七首之五：

东流江水西飞燕，黄姑织女时相见。见少别离多，浮生能几何？梧桐相待老，常恐秋风早。万恨在蛾眉，旁人那得知？

写良人远征，怨妇高楼。黄姑（吴语读"河鼓"之音，即牛郎）织女犹能一年一会，而她只有秋风入怀、梧桐易凋而已。集古诗句，似有古别离之意，似乎自古以来皆如此。刘伯温并非学问不深才乱拉古人，他也有不少词章专集一朝一代的，如《浣溪沙》就纯粹唐音了：

沙渚烟销翠羽空，楚歌重叠怨兰丛（李商隐）；
树头树底觅残红（唐无名氏），三百年间同晓梦（李商隐）；
几家台榭风城东，露桃犹自笑东风（杜牧）。

古庙夜半鬼唱诗

集句取材虽说各尽所能，各取所需，但若一旦定了主题或本事，前人成句的可取范围就相应缩小。若再限定体裁，掣肘就更多了。做古风，其韵较宽，而且可律可拗，三言五言七言杂言均可用，一首中还可换韵；做绝句，要用唐韵，起码是平水韵，句子要选律句——讲究平仄的句型；做八句以上的律诗，还要对仗。填词，用韵比律诗宽得多，一般用戈载的词韵，也可用吴梅的词韵。但遇到慢词，其拗句的格律和四声要求较严，尤其如《兰陵王》、《六丑》等词牌，四声、五音、阴阳上不注意，读起来很别扭。制曲，则须用中原音韵，莫说南方人不熟悉，就是北方人也会弄错上、去声，且［m］尾（如“三”）和［n］尾（如“山”）不像普通话那样可以混用。所以集句成曲者很少。但曲有衬字，衬字不拘多寡，这倒是方便之处。总之，当体裁自定时，要量力而行，不要作茧自缚。

但若主题、调律既定，最大的困难在于寻找对仗工整的句子，有时翻遍《全唐诗》也无寻处，这时，要么忍痛割爱，推倒重来，所谓“离之则双美，合之则两伤”（《文赋》）；要么牺牲些对仗，服从通篇“气血”畅通。明末清初宁波李邺嗣告诫我们：“若使句韵之间神气不贯，则虽比丽（按：即骈骊）极工，亦为雕虫所笑也。”（《杲堂文集》）或许这是他的经验总结，或许也是有感于明代集句而发的。

明代李昌祺在笔记小说《剪灯馀话》中，为谭节妇的本事做二十首七律，需要集四十联，纵然他学识渊博，也未免自套“箍儿”。

谭氏，南宋宗室之妇，因抗拒元兵侮辱而血溅文庙，死后被嘉封为南岳神仙，听说洪武初年江西永新县令乌斯道为她重修祠庙，欣然“归宁”。月白风清之夜，更有辽鹤归来、物是人非之感，便手书集句二十首赠给她生前的侍姬——至明初依然游魂飘荡的美人。

那美人为了附乡于夫人，便乘乌知县儿子月夜弹琴之际，将这些集句原原本本抄录给他，通过他“开后门”。

这二十首七律确实“金碧辉煌，一片空漾”，其中不乏独到的妙对佳联，如“酒力渐消风力软（苏轼《南乡子》），桃花净尽菜花开（刘禹锡《再游玄都观》）”；“不将脂粉涴颜色（杜甫），惟恨缁尘染素衣（陈与义）”；“歌管楼台人寂寂（王安石），山川龙战血漫漫（胡曾）”等等，对偶天然，对仗工整。尤其是“汉朝冠盖皆尘土（唐彦谦），魏国山河半夕阳（李益）”，用来比喻宋亡元革，十分妥帖。在尊唐抑宋的明代，李昌祺一扫台阁气，不仅广采宋诗，而且摘用宋词，也是难能可贵的。

然而，从整体上看，这些集句置于别的贵妇人身上也能凑合，但离开了小说本事中的个性描写，某些句意未免不伦不类，贬低了谭节妇。幸而乌斯道见识一般，否则那美人的把戏便会拆穿，可怜的“后门”也开不成了。

纵然撇开本事，就集句论集句，那“七宝楼台”未免有斧凿之痕，“金缕玉衣”难免有针线之缝。才有余而力不足，使人有“翠凤翎毛扎帚叉”（《邯郸记》）之憾。

青山依旧在，几度夕阳红

明代集句繁多，大抵多像李昌祺一样，凑泊之痕，比比皆是。正如李东阳所说的“首尾衡决，徒取字句对偶之工”那样，有的简直裁而不缝，鹑衣百结，好像替别人做诗，全无己意。当然，我不是全盘否定，统统打倒。明代也有较好的集句，如孙仲衍《朝云三律》比较切合苏轼之妾朝云的本事，都穆《南濠诗话》说它可使明代前期所有集句皆“不止于退三舍也”。其第三首是：

三生石上旧精魂，愿作阳台一段云。
词客有灵应识我，碧山如画又逢君。

花边古寺翔金雀，竹里春愁冷翠裙。
莫向西湖歌此曲，清明时节雨纷纷。

可谓伤时感物，情景交融。又如杨慎在《升庵诗话》中盛称的好友安公石的集句，如“鲈鱼正美不归去（赵嘏），瘦马独吟真可哀”；“请君酌我一斗酒，与尔同消万古愁（李白）”；“梁间燕子闻长叹（李商隐），楼上花枝笑独眠（刘长卿）”等联语，以及催人泪下的集杜吊叶叔晦那首古风，确实很好。杨慎本人的二首集句词（《忆王孙》和《瑞鹧鸪》）虽有“在塔言塔”之感，但他的《鹧鸪天》倒有“偷梁换柱”之妙：

塘水初澄似玉容，所思犹在别离中。
谁知九月初三夜，露似珍珠月似弓。
深院静，小庭空，断续声随断续风。
无奈夜长人不寐，数声和月到帘栊。

其首句是“匪夷所思”的自创，三四句几乎就是白居易诗句，下阕与李煜的《捣练子》只差二个字，亏他想得到《捣练子》是《鹧鸪天》的下半阕。这样的集句是别出心裁的独创。

相比之下，其他明人集句就不值一提了。“青山依旧在，几度夕阳红”，杨慎的《临江仙》既被三国演义用作开场白而广泛流传于街头巷尾，妇孺皆知，那么，我们就借此形容集句的几度兴衰吧！可以说，集句是被宋人说坏，被明人做坏的。明人给我们的教训就是李杲堂的那几句良言。

明末清初，随着诗词的中兴，集句又繁花怒放了。其成就之大，造诣之高，可以使集句的列祖列宗向子諲、石孝友辈成为“小巫”。其中集诗圣手黄之隽、朱彝尊、柴次山，集词能匠万树、江昉，不但格律严整，而且连珠串玉，语如己出。

《蕃锦》出人头地

朱彝尊诗多词广，其集句专集《蕃锦集》中佳章不胜枚举，大多即兴而发，“脱口而出，无凑泊之痕，有生动之趣”（《白雨斋词话》），几有“一洗万古凡马空”之势。

作诗的人有共同体会，“三江”是个险韵，古来江韵之诗本来较少，但朱彝尊偏偏在《浣溪沙·惜别》中用三江韵集唐：

惜别愁窥玉女窗（李白），遥知不语泪双双（权德舆），绮罗分处下秋江（许浑）。

暮雨自归山悄悄（李商隐），残灯无焰影憧憧（元稹），仍斟昨夜未开缸（李商隐）。

写情人分别后的情景，既写对方，又写自身，短短六句却能远近结合，情景交融，浑然一体。又如《玉楼春·画图》：

刘郎已恨蓬山远（李商隐），金谷佳期重游冶（骆宾王）。

倾城消息隔重帘（李商隐），自恨身轻不如燕（孟迟）。

画图省识春风面（杜甫），比目鸳鸯真可羡（卢照邻）。

一生一代一双人（骆宾王），相望相思不相见（王勃）。

面对可望而不可即的绝代佳人真容，其惆怅恍惚，如梦如痴，真假煎迫的心情可想而知，古语今用，愈显得扑朔迷离。《临江仙·汾阳客感》则古（古体）律（近体）兼备，五七杂采，因而抑扬顿挫，豪而不放：

无限塞鸿飞不度（李益），太行山碍并州（白居易）。

白云一片去悠悠（张若虚），饥乌啼旧垒（沈佺期），古木带高秋（刘长卿）。

永夜角声悲自语（杜甫），思乡望月登楼（魏扶）。离肠百结解无由（鱼玄机）。

诗题青玉案（高适），泪满黑貂裘（李白）。

三晋古多豪杰，上党脊临天下，汉武帝箫鼓楼船，郭汾阳歌台舞榭，周遭古迹，并触乡愁旅思，然而全词却不着一句典故，尽皆眼前情景，信手拈来，回尽九曲之肠，荡尽山河之气。《采桑子·秋日度穆陵关》还特地采用了不少叠字：

穆陵关上秋云起（郎士元），习习凉风（萧颖士）。于彼疏桐（宋华），槭槭凄凄叶叶同（吴融）。平沙渺渺行人度（刘长卿），垂雨濛濛（元结）。此去何从（宋之问）？一路寒山万木中（韩）。

更是一气呵成，刀挥不断；才人伎俩，神鬼莫测。

《四库》独收《香屑》

康熙雍正间华亭黄之隽，其《香屑集》总有九百三十余首集唐，俨然集句“长城”，加上他集唐作序二千六百多言，可以拿古今集诗、集文的两块金牌了。翻开《香屑》，岂止如入山阴道中，简直走进了集句的瑶琳仙境，美不胜收。一首首长歌短行，律诗绝句，若配以曲子唱起来，那真是“大珠小珠落玉盘”，“竹枝猿鸟一时啼”：

闻郎江上踏歌声（刘禹锡），古人唱歌兼唱情（白居易）。

世间只有情难说（顾况），须待情来意自生（张籍）。

一首多么流畅的民歌！

一行白鹭上青天（杜甫），一只鸳鸯下渡船（司空图）。

轻舟过去真如画（陆龟蒙），越艳荆姝惯采莲（徐玄之）。

这样的集句，可使人浮想联翩：绿兮衣兮，月佩风裳；皓腕如雪，两足似霜；莲歌笑语，明镜芙蓉；衣香船影，水色天光。在那大兴文字狱的清代，我们却从文字里看到了诗经时代“思无邪”的男欢女唱镜头了。

画面移到小楼曲阁：

玉面红妆本姓秦（宋之问），每怜容貌宛如神（程元淑）。

芙蓉院落新经雨（赵嘏），玳瑁帘中别作春（沈佺期）。

娇泪半垂珠不破（薛能），蛾眉罢扫月仍新（程良文）。

花间对语应相问（韦庄），何况亲逢绝世人（温庭筠）。

依然是莺燕间关，玉佩丁东，却毫无脂粉俗气和头巾酸气。下面一首六言更是趣味盎然：

鸳鸯一处两处（皮日休），风月相和寂寥（刘长卿）；

妾拟将身嫁与（韦庄），我郎何处情饶（杜牧）？

深深地捕获了愈怨愈爱的少女心情，不知她打翻了醋瓶，还是踢翻了蜜坛？便是白发翁媪看了，也会焕发青春时代的笑靥。

一二三四五六七（罗隐），昨夜今朝又明日（白居易）；

河低月落五更时（储光羲），吴歌楚舞欢未毕（李白）。

这是对“舞低杨柳楼心月”的婉转讽刺吗？不，那是作者描绘的“世外桃源”。如果当时真有千家万户歌舞升平，你一定会情不自禁地打起拍子来。穷乡僻壤的少男少女何尝不是掩耳盗铃、苦中作乐啊！我们今天也切勿以其不合“风骚正规”而存戒心。放心吧，《四库全书》可不是狭邪之书，其罢黜百家，独收《香屑》，正说明在风化上下过功夫。从开放的眼光看，或许还会嫌他“古艳古香”呢！

织成百幅鸳鸯锦

如果说黄家《香屑》是集诗为诗的冠军，朱氏《蕃锦》是集诗为词的典范，那么，同、光年间安徽汪渊的《麝尘莲寸集》已攀上了集词为词的“金字塔”顶峰了。这一本“前无古人，后无来者”的集词专著，如果出现在康乾盛世，《四库》编修们必定不肯舍弃，起码也让他平分《香屑集》之秋色。可惜得很，这本高质量的翰墨游戏诞生在风云变幻的大清王朝末世，生不逢时；又如一棵小草夹在桐城文坛和常州词派两块巨石之间，产非其地，从而一直埋没到百花齐放的20世纪80年代。要不是海内有识之士发掘鼓吹，人们还误以为孤本被萧继宗先生带去台湾了。

说它“前无古人”，是因为历代集句家大多集诗为词；自石孝友《金谷遗音》之后，集词几乎无人响应，清初集词佳作虽多，但大量集词的专家罕见，尤其是高难度的慢词长调问津者极罕。而汪渊氏却一字不易地拼集唐宋元词做了二百八十四首乐章（未刻的剩稿还不计在内），从《十六字令》到《莺啼序》，一百五十六种词牌，无论格律、用韵、语意、气格，一一浑然“如出诸己”。何止本书书名所寓意的“捣麝成尘香不灭，拗莲作寸丝难绝”（温庭筠诗），简直像“九张机”“穿过一条丝”（《乐府雅词》），织成百幅鸳鸯绵。其中玲珑幽艳的《苍梧谣》：

瞒（唐琬《钗头凤》），折得梅花独自看（潘牥《南乡子》）。无人觉（范成大《秦楼月》），翠袖怯天寒（杨无咎《生查子》）。和《赤枣子》：

风淅沥（曾纡《谒金门》），月朦胧（李珣《酒泉子》）。秋千人散小庭空（陈克《豆叶黄》）。啮指暗思花下约（孙光宪《浣溪沙》），假山西畔药栏东（司空图《酒泉子》）。

新香鲜嫩，却出自陈古。一个初恋少女略带调皮稚气的神情被描绘得呼之欲出。可贵的更是《莺啼序》，四十五句，要从四十五位词人的集子中采来，不能夹带雷同的词语，而且其中四字句至八字句都有，可谓工程浩大。其中三四句式七字句中的三字逗，稍一马虎，意韵上均受阻梗。这样的词牌，便是自己铺言陈词，古来佳作也屈指可数，何况是被宋元人“牵着鼻子走”的集句：

汀洲渐生杜若（周邦彦），渺苍茫何许（张辑）。漫过却、歌夕吟朝（黄廷），断魂分付潮去（郭从范）。醉乍醒、一庭春寂（施岳），闭窗尽日将愁度（袁去华）。问此愁、还有谁知（王沂孙），夕阳无语（张耒）。绣户珠帘（晏殊），暝霭向敛（李甲），倩东风约住（程过）。襟袖上、空染啼痕（秦观），啼痕犹溅纨素（陈允平）。遍天涯、寻消问息（李玉），更多少、无情风雨（赵佶）。梦半阑、歌枕初闻（僧晦），凄凉酸楚（汪元量）。

市桥系马（尹焕），宫柳招莺（翁元龙），又别君南浦（严仁）。便怕有、踏青期误（彭元逊），拾翠沙空（贺铸）；芳信不来（黄孝迈），锦书难据（张镃）。思和云织（吴文英），梦和香冷（孙惟信)，此时无限伤春意（张先），送孤鸿、目断千山阻（叶梦得）。画阑凭遍（王月山），无端又敛双眉（石瑶林），关心去年情绪（胡翼龙）。簟波零乱（赵善扛），屏影参差（方君遇），但黯然凝伫（柳永）。甚年年、共怜今夕（奚汉），筝谱慵看（吕渭老）；怕说当时（张炎），酒杯慵举（卢炳）。双螺未合（姜夔），双鸳细蹙（史达祖），臂宽条脱添新瘦（张端义），怅玉容、寂寞春知否（黄机）？要知欲见无因（周格非），记取盟言（黄庭坚），自今细数（黄缵）。

看来苏蕙复生，也当让出鸳机；子夜歌好，也难借他人酒杯浇自己块垒。玉斧既然能修《莺啼序》这样的“广寒宫阙”，那《大酺》、《多丽》一类“人间楼台”就更不在话下了。

而且汪渊对温韦冯李、秦七黄九、苏辛周姜、遗山松雪等不同风格的几百位词人，长调短用，短调长用，平句险用，险句坦用，熔铸出格律派的衮衮乐章，非仅极神仙游戏之能事，殚世人襞积之苦心，而且包神韵，蓄性灵：置之浙西词苑，毫不逊色；放在常州词坛，孰能挑剔？乐章琴趣三百调，琵琶尺八、秦琴月琴，各擅其场：有小弦切切的《河传》，也有大弦嘈嘈的《六州歌头》。更有那风流倜傥的《水调歌头》，其过片换头，如五泄瀑布，阻而不断，失势一落，直泻千丈：

南陌少年事（吴文英《祝英台近》），驻马翠楼歌（史达祖《临江仙》）。娉婷人妙飞燕（姜夔《百宜娇》），眉黛敛秋波（黄庭坚《蓦山溪》）。渐近赏花时节（阮逸女《花心动》），还是褪花时候（秦观《如梦令》），愁共落花多（黄公度《卜算子》）。莫放酒杯浅（张翥《摸鱼儿》），人醉牡丹坡（张炎《风入松》）。

坠瑶钗（李肩吾《鹧鸪天》），欹珀枕（杨缵《被花恼》），暖金荷（张元《怨王孙》）。倚楼谁弄长笛（陈三聘《念奴娇》），微语笑相和（欧阳炯《女冠子》）。二十四桥春静（周密《西江月》），三十六弦弹闹（张先《定西番》），犹问夜如何（谭宣子《鸣梭》）。今夜照归路（柴望《摸鱼儿》），杨柳月婆娑（陈允平《望江南》）。

明花暗酒之辞，以花字贯串全阕，有声无声之句，以歌声首尾关照。

集词伉俪，并蒂生香

更是“看人挑担不吃力”的是重叠句，汪渊都采用了不同词人、不同词牌的句子，如《三台令》：

无语（姜夔《侧犯》），无语（谢懋《石州慢》），愁到眉峰碧聚（毛滂《惜分飞》）。画楼红湿斜阳（翁元龙《水龙吟》），南浦莺声断肠（温庭筠《清平乐》）。

肠断（欧阳炯《定风波》），肠断（王建或晁补之《调笑》），谁道湔裙人远（王沂孙《南浦》）。

虽说其中调笑便是三台令，但“平仄”型的两字句确实难觅，不论何人，都只能从《调笑》、《如梦令》、《河传》、《定风波》、《隔浦莲》等少数小词及《长亭怨慢》、《琐窗寒》、《双双燕》、《绛都春》等一些慢词的换头中去找。

排比句填成的《忆少年》，其“半窗暝雨，半窗残照，半窗斜月”这三个“半窗”亦来之不易。

运用回环句的“石孝友体”《减兰》两首，其中“黄昏庭院”采自北宋王诜《忆故人》，“庭院黄昏”则采自南宋吴文英的《高阳台》；“千山万水”采自北宋张先（张子野）的《八宝装》，“万水千山”采自黎廷端《浪淘沙》；“黄昏院落”和“院落黄昏”分别采自程垓《南浦》和楼采《法曲献仙音》；“轻寒轻暖”和“轻暖轻寒”分别采自陈亮《水龙吟》和阮逸女《花心动》。

你若不是词迷，这些似是而非的“姊妹句”和“回环句”即使告诉你，恐怕也要找半天。说也怪，汪渊对自己要求十分苛刻，一句词，用过一次，第二次绝不再用，而且他非到万不得已，绝不用明清词人的句子。有时，“宝贝”词句还被他夫人程绣桥抢先占用了，他不得不另采他园。如程淑《苏幕遮》效吴藻《花帘词》格：

柳阴凉（朱用之《意难忘》），兰棹举（卢祖皋《谒金门》）。南北东西（吕本中《采桑子》），南北东西路（林遗《点绛唇》）。恰是去年今日去（江开《玉搂春》）。芳草连天（刘辰翁《兰陵王》），芳草连天暮（余桂英《小桃红》）。燕初归（赵彦端《芰荷香》），莺正语（顾《酒泉子》）。似说相思（吴文英《江城梅花引》），似说相思苦（沈端节《虞美人》）。梦断彩云无觅处（秦观《蝶恋花》）。门掩黄昏（刘焘《八宝妆》），门掩黄昏雨（苏轼《点绛唇》）。

做丈夫的自然要来个"妇唱夫随"：

柳供愁（许棐《满官花》），花解语（康与之《应天长》）。总是销魂（周文璞《一剪梅》），总是销魂处（吴潜《青玉案》）。人自怜春春未去（刘铉《蝶恋花》）。芳草斜阳（吴文英《夜合花》），芳草斜阳路（陈允平《点绛唇》）。卧红茵（孙光宪《更漏子》），觞绿醑（徐一初《摸鱼儿》）。几度相思（王沂孙《三姝媚》），几度相思苦（张野《念奴娇》）。明日重来须记取（周孚先《蝶恋花》）。梅子黄时（潘元质《丑奴儿近》），梅子黄时雨（贺铸《青玉案》）。

夫妻双双，竟夺浙西女将吴𬞟香之席。

如许倬词，偌多格调，别开天地，独树一帜。《四库总目提要》谓黄之隽"后无来者"，似乎结论下得过早了。不过，汪渊之后，倒确实后无来者了。那是因为古来集句，"能者不为，为者不能"（许振轩跋），几十年出一个集句专家不算少，几百年出一个集词名家恐怕也不算少。我们视集句为"雕虫"，偶一为之则甚乐，像汪渊那样化多年精力、呕心沥血去搞倚声"雕龙"也实在犯不着。除非真正出个词迷加集句迷，方能使地下的汪家伉俪再一次嘲笑《四库》编修的绝论。

介绍集句精华，当然不希望用名家来震慑很想分享集句乐趣、偶一为之的读者。退一步说，文字游戏也不必过分认真，何况戏法人人会变，各有巧妙不同，窍门只在实践。此处仅介绍已故语言学权威王力先生的诗词简谱，以便集句者收寻句型。王先生把律句记成拉丁字母，相同的句型用相同的符号表示，这样，一首数十字的词牌或曲牌只要写一两行就行了，例如清平乐记作：

4s | 5a | 7y | 6s | 6X | 6X | 6s　6X | | 。

双调夜行船为：

7H | 3a4A（4c）| 4A4e |〔3G4e〕| | 。

当然，拗句还得直接标出平去上符号，但若你费心归纳一下，起用王先生未曾用完的拉丁字母，加上与拉丁字母形状不同的希腊字母、斯拉夫字母，你就将简谱进一步简化。于是，厚厚的一本万树《词律》或舒氏《词谱》就变成薄薄几页纸了。比较句型，索引词曲就一目了然。（详见王力《汉语诗律学》）

一箭三雕

集句的黄金时代已经过去，晚清时，就只能小处见大，现在我们只能从它的功能上讨论了。

黄协埙《锄经书舍零墨》所载的缕馨仙史四首集唐，可说是集诗、联、谜三位一体的高级游戏。如其第三首射八个谜：

秋千打困解罗裙（射《长生殿》一句），撩乱心情最是君（《左传》一句）。脸似芙蓉胸似玉（《聊斋》女子名），眼如秋水鬓如云（《红楼梦》女子名）。兰缸尚惜连明在（《礼记》一句），绣被应羞彻夜熏（古人名）。曾向楚台和雨看（词牌名），花衫对舞凤凰纹（草名）。

谜面如“屏上楼台”、“镜中金翠”，倩影参差；谜底是经史词曲，美人香草，迷离恍惚。韦庄、韩等晚唐香奁大师恐怕也不一定猜得出自己的诗句隐含什么谜虎呢！当然，笔者并非激将法，黄协埙也并非唱“空城计”捉弄我们。最易打中的或许是两个女子芳名，不过，是红玉还是绛雪，是翠缕还是碧痕，我也吃不准，因为答案无处可找。其余三首中的药名、戏名等，也要看各人熟悉哪一行，不一定胭脂“虎”最易射中。倘若谁能射中全部谜语，其学识必定不在这位“一箭三雕”的作者之下。

戏台上余音袅袅

集句在南曲舞台上，曾经被制曲高手用作下场诗。明代的汤显祖，在《牡丹亭》中用过集句。清代洪昇的《长生殿》，每出都用集句律绝作下场诗。如第29出《闻铃》双调［尾声］之后的唐明皇独白：

（生）剑阁连山千里色（骆宾王），离人到此倍堪伤（罗邺）。空劳翠辇冲泥雨（秦韬玉），一曲淋铃泪数行（杜牧）。

又如第38出弹词［煞尾］之后，李龟年与李暮的念白：

（末）桃蹊柳陌好经过（张籍），（小生）聊复回车访薜萝（白居易）。（末）今日知音一留听（刘禹锡），（小生）江南无处不闻歌（顾况）。

是啊，经历了安史之乱的老乐工回忆开天盛世、李杨悲剧，自有弹不尽的伤心曲子，诉不完的当年话儿，怎能煞尾呢！

乾隆间方成培《雷峰塔》传奇《断桥》一出的商调［尾声］之后三人联唱的下场诗：

（旦）还恐添成异日愁（温庭筠），（贴）朝成恩爱暮仇雠（翁绶）；

（生）当年愿我长青眼（许浑），纵杀微躯未足酬（方干）。

可谓各诉其志。温厚多情的白娘子，杏眼圆睁的小青，信誓旦旦的许仙，跃然眼前。而于幕后伏下了法海用许仙作帮凶的杀机（昆曲原是如此安排）和白娘子永镇雷峰塔的泼天大祸。

这些都不是画蛇添足，而相当于如今某些地方戏的幕间合唱，承上启下，于上则余音袅袅，于下则情节绵绵。采用集句形式无非是引古证今而已。

吹尽黄沙便到金

集句最多的功用是楹联，尤其是清代中期以后，集句联往往是楹联家的“宠儿”。楹联是词章的高度结晶，用古人的话来概括，显得更人情世故，更富哲理。如杭州涌金门外藕香居茶室集苏：

欲把西湖比西子，
从来佳茗似佳人。

不用茶博士在门口赔笑说“先生请进”，这一联自会挑逗你枯肠辘辘。又如西湖白云庵月老祠，有集曲为联者：

愿天下有情人，都成了眷属；
是前生注定事，莫错过姻缘。

何等顺应前来烧瓣心香的比肩双心啊！

集句联可诗可词，可文可白。集词为联者要数梁启超、寿𨕧、向迪琮最著名。如梁启超赠徐志摩者：

临流可奈清癯，第四桥边，呼棹过环碧（吴文英、姜夔、陈允平）；

此意平生飞动，海棠花下，吹笛到天明（辛弃疾，洪咨夔，陈与义）。

向迪琮集张炎《山中白云词》句如：

倚槛调莺，春帘归燕；
穿花省路，傍竹寻邻。

集句联除了一般楹联的功用外，还可用作自遣或书籍序跋，如郁达夫《无题》：

百年心事归平淡（龚自珍），
十载狂名换苎萝（柳亚子）。
芳草有情皆碍马（罗隐），
人间送别不宜秋（张昱）。

其中第二联是序短剧《孤独》的。如果字面内外包藏言外之言，则比无题更妙。杭州黄龙洞曾有过“黄泽不竭；老子其犹”的缩脚联，如果不缩脚，那就是“黄泽不竭黄；老子其犹龙”也。减去孔子话中的一个“龙”字，反而引人注目，似有欲擒此“龙”而故纵之旨，造诣更高一层。

集句联，名目繁多，数量浩瀚，几乎所有楹联书中都有所载入，自清至今，楹联专著不下百种，但往往良莠并存，妍媸互见，鱼龙混杂。要“吹尽黄沙”、“淘出真金”也很不容易。在辑选上颇臻精练者当推浙江古籍出版社近年出版的《集句对联字帖》，该书由王翼奇辑选，骆恒光写帖，所选327副集句联，品类齐全。特以“丈夫志四海（曹植）；古人惜寸阴（陶渊明）”的嘉铭启扉，而以脍炙人口的“诸葛一生惟谨慎（《藏书》），吕端大事不糊涂（《宋史》）”压卷。副副比翼齐飞，条条奇葩竞吐。在这座展览集句名联的小小“百花园”中，“旅游者”可以应接不暇地“摄取”你所喜爱的风光名胜：如兼备维扬、钱塘双美的“明月二分山一角（王嵩高），荷花十里桂三秋（黄任）”；诱发吞云吐月气概的扬州平山堂集文联“衔远山，吞长江，其西南诸峰，林壑尤美，（《岳阳楼记》、《醉翁亭记》）送夕阳、迎素月，当春夏之交，草木际荣（《黄州竹楼记》）”，等等。“收藏家”可以随心所欲地把玩山水“名画”：这集宋联“一晌销凝，帘外晓莺残月；无限清丽，雨余芳草斜阳”，一晨一昏，洒然“双屏”；那“夜雨有情于芍药（许月卿）；东风无处不杨花（完颜璟）”风韵娟致，深态窈窕，令人百看不厌。倘若你要选择合适的堂联座铭，大可领略一下该书中骆恒光先生的铁画银钩。

不过，最值得喝彩的是该书采录的成都关庙联：

吴宫花草埋幽径（李白），
魏国山河半夕阳（李益）。

此联与李昌祺集句有异曲同工之妙，虽在对仗上不如李昌祺工整，但用来祭祀蜀汉元勋关羽，恐怕古今中外再也找不到更精妙熨帖的成句了。让关羽拈着美髯看看孙曹二家的结局，似乎在笑："嘿，你们也有今天!"这比任何正面的歌功颂德都好。如果用"汉家陵墓"什么的，那身价就一落千丈。对仗上纵然白璧有瑕，含义上犹能领袖万玉。有此一联，全书精神陡增，连不喜欢诗词的人也要看它一看了，更何况二百多联屡屡令人拍案叫绝。

第四章

回 文

汉语独有的诗体

回文体诗是我国古典诗词领域中一个十分特殊的品种。什么叫回文体诗呢？唐代吴兢《乐府古题要解》说："回文诗回复读之，皆歌而成文也。"意思是说诗中字句可以顺读、可以倒读，甚至可以回环往复，都能够连贯成有意义、合乎韵律、可以诵读的篇章。刘坡公《学诗百法》写道："回文诗反复成章，可以纵横排比，非仅一顺一倒也。"说的是同一个意思。由于回文体诗有这样的特点，所以人们往往把它看成是诗人们卖弄才情的"高级文字游戏"。其实任何一种由文字组成的文学样式，都可以是"文字游戏"，问题不在于它采取什么形式，而取决于它所表达的内容是否"游戏文字"。

回文，是汉语最突出的一种修辞现象，这种现象可以说是汉语所独有的，在日常生活中也会遇到。如杭州西湖有几家餐馆，叫"楼外楼"、"山外山"，"天外天"，就是用的回文；常用的口号"我为人人，人人为我"，也是回文。这种修辞现象在别国语言中是极少见的。据说在欧洲，1814 年联军攻陷巴黎，拿破仑被流放到地中海的爱尔巴岛 Elba 时，曾经说了一句话：

AblewasIereIsawElba.

这一句的确是回文，顺读倒读都一样（意思是："在我看到爱尔巴岛之前，我是有能力的。"），不过它只是一个句子。

我国的回文体诗，是利用汉语词序变化表示语法关系这一特点创制而成的，换句话说，它是利用汉语的特殊修辞技巧——回文，创制而成的。我国其他少数民族文字，恐怕也不会有这种诗体。所以我们说，回文体诗是我国独有的特殊的汉语诗体。

回文体诗的起源

先说回文的起源。我国最早出现的回文，可以追溯到《孟子》。《孟子·梁惠王上》中有句："老吾老，以及人之老；幼吾幼，以及人之幼。""老吾老"、"幼吾幼"这两个短语，就是回文。《孟子》中还有"尔为尔"、"我为我"这样的短语，也是回文。

至于回文体诗的起源，历来有以下几种说法：

一种是始于三国魏曹植的《镜铭》。《四库全书总目提要》云："《曹子建集》十卷。……《镜铭》八字，反复颠倒，皆叶韵成文，实为回文之祖。见《艺文类聚》。"但是丁宴《曹植铨评》载，"案今本《艺文类聚》七十三，有殷仲堪《酒盘铭》八字，颠倒成文，并无《镜铭》，未知所据何本。"新出的赵幼文编《曹植集校注》，其中也没有《镜铭》。

一种是始于晋温峤。唐代皮日休《松陵集·杂体诗序》说："晋傅咸有反复回文诗。反复其文者，以示忧辗转也。'悠悠远迈，我独茕茕'是也。由是反复兴焉。温峤有回文虚言诗，云'宁神静泊，损有崇亡'，由是回文兴焉。"

一种是始于晋窦滔妻苏蕙。宋代严羽《沧浪诗话·诗体第二》说："回文起于窦滔之妻，织锦以寄其夫也。"首次编回文诗集《回文类聚》的南宋桑世昌也说："《诗苑》云：回文始于窦滔妻，反复皆可成章。旧为二体，今合为一。止两韵者，谓之回文；而举一字皆成读者，谓之反复。又上官仪曰：诗对有八，其七日回文对，'情亲因得意，意得逐情亲'是也。自尔或四言，或六言，或唐律，或短语，既极其工，且流为乐章，盖情词交通，妙均造化，此文之所以为无穷也。”（《回文类聚·序》）明代徐师曾《诗体明辨》沿袭这一说法，但解说略有不同：“按回文诗始于苻秦窦滔妻苏氏，反复成章。而陆龟蒙则曰：‘悠悠远道独茕茕，由是反复兴焉。’及考《诗苑》云：‘回文、反复，旧本二体：止两韵者谓之回文，举一字皆成读者谓之反复。’则苏氏诗正反复体也。后人所作，直可谓之回文耳。以今合而为一，故并列之。”回文、反复原是两种修辞现象，我们所说回文体诗的“回环往复”，实在是把两者“合而为一”。所谓苏氏回文诗，就是流传很广、对后世有深远影响的《璇玑图诗》。

一种说法是始于道原或南朝宋贺道庆。梁代刘勰《文心雕龙·明诗篇》说：“回文所兴，则道原为始；联句共韵，则柏梁余制。”前一句说回文诗始于道庆，后一说联句诗始于汉柏梁台之作。道原，不知何许人也。清代梅庚注《文心雕龙》说：“宋有贺道庆作四言回文诗一首，计十二句，四十八言，从首至尾，读亦成韵，而道原无考，恐‘原’为‘庆’字误。”清代赵翼对梅庚的说法作了分析。他在《陔余丛考》中说：“（贺）道庆宋人而苏蕙苻秦人，则蕙仍在道庆前，而（刘）勰谓始自道庆，意或当时南北朝分裂，蕙所作尚未传播江南，而道庆在南朝实创此体，故以为首耳。”这段话说得比较合理。他认为南朝回文诗始于贺道庆，而苻秦苏蕙的回文诗更在贺道庆之前。

还有一种说法是始于晋苏伯玉妻。明代胡震亨《唐音癸签》卷二十九：“盘中诗，始汉苏伯玉妻寄夫诗，写从中央周四角，屈曲成文，名盘中。至窦滔妻苏氏，益衍为《璇玑图》。”他认为苏蕙的《璇玑图诗》是从盘中诗衍化而来的。苏伯玉妻的《盘中诗》，最初见于南朝陈徐陵编的《玉台新咏》。《玉台新咏考异》说：“此诗列傅玄、张载之间，其为晋人无疑。《诗纪》、《诗乘》并列之汉诗，亦未详所据。”《四库全书总目提要》更是明确地指出：“苏伯玉妻盘中诗，《诗纪》作汉人固谬。”傅玄、张载都是西晋武帝时人，苏伯玉妻大约也应当生活在这时期。近年来有的学者从《盘中诗》中有“吏人妇，会夫稀，出门望，见白衣”等句子，从小吏的服饰“白衣”这一点来考证，认为这首诗可能作于汉代。这也算是一家之言。

从以上五种说法，可知：一、回文诗始于道原或贺道庆的说法不能成立，因为南朝齐梁时还没有发现苏蕙的《璇玑图诗》。二、始于曹植《镜铭》的说法，至今还查无实据，无文献可征。三、多数人主张回文诗始于苻秦苏蕙。但从苏伯玉妻、温峤、苏蕙三人的时代先后来说，苏伯玉妻为西晋初年人，温峤为东晋元帝（317—322）时人，苏蕙为苻秦时人（苻秦建国号为公元351年），以苏伯玉妻为最早。如果说她是汉朝人，那么年代就更早了。她的《盘中诗》屈曲成文，其中不少诗句如“山树高，鸟鸣悲，鲤鱼肥，空仓雀，常苦饥”，“吏人妇，会夫稀”，“中心悲，北上堂，西入阶”，“出有日，还无期”，“结巾带，长相思”，“君忘妾”，“妾忘君”，“黄者金，白者玉，高者山，下者谷”，“作人才多智谋足，家居长安身在蜀”，等等，都已具有回文诗既可顺读、又可倒读的特点。因此，现存的回文诗不妨认为以苏伯玉妻的《盘中诗》为最早。

回文体诗的种类

回文体诗大致可分为盘中诗、回文诗、回文曲、回文箴铭等几类。如果把声律和谐、大致押韵的律赋也算在内，还有回文赋。回文诗、回文词比较常见，回文曲、回文箴铭比较少见，回文赋几乎是凤毛麟角。现在分别举例说明。

盘中诗

常常是写在盘中（圆盘或方盘中），屈曲成文，从中央逐步转向外围。请看苏伯玉妻的《盘中诗》：

《玉台新咏·盘中诗》原注：“伯玉被使在蜀，久而不归。其妻居长安思念之，因作此诗。”全诗是：

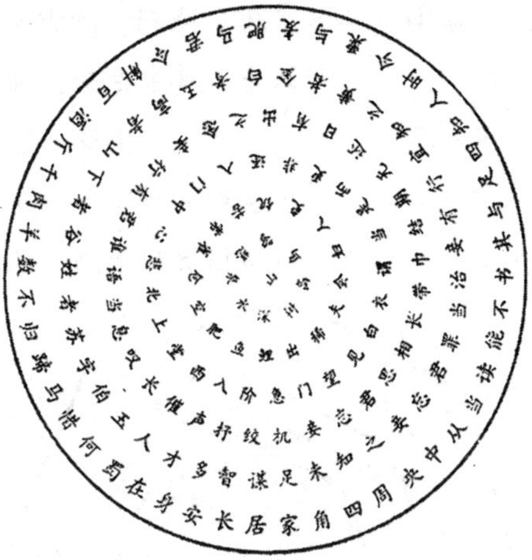

山树高，鸟鸣悲，泉水深，鲤鱼肥；空仓雀，常苦饥。吏人妇，会夫稀。出门望，见白衣；谓当是，而更非。还入门，中心悲；北上堂，西入阶；急机绞，抒声催；长叹息，当语谁？君有行，妾念之；出有日，还无期；结巾带，长相思。君忘妾，天知之；妾忘君，罪当治；妾有行，宜知之。黄者金，白者玉；高者山，下者谷；姓为苏，字伯玉，作人才多智谋足；家居长安身在蜀，何惜马蹄归不数！羊肉千斤酒百斛，令君马肥麦与粟。今时人，智不足；与其书，不能读；当从中央周四角。

从这首诗的内容来看，它反映了封建社会里妇女地位低下，遭歧视、被遗弃的不幸命运的一个侧面。这首诗词意回环，情真辞切，形式新颖，显然不能说它是文字游戏。

盘中诗还有其他排列形式。有的与藏头诗相结合。所谓藏头，是指每句的头一字都藏于前一句的末一字里面。如近人蔡丽水题《笑叟回文集》的《自序回旋诗》，是这样排列的：

慰隙莫虚因有思，
安颐页回文能感；
自解小技未倒诸，
得兼虫雕足读贤；
难情陶以奇言相，
全卑羞比句古语；
词佳尽序代余勗。

从中央一字“雕”读起，读成七律一首：

雕虫小技未足奇，可以陶情兼解颐。
页页回文能倒读，言言古句比羞卑。
十全难得自安慰，寸隙莫虚因有思。
心感诸贤相语勗，助余代序尽佳词。

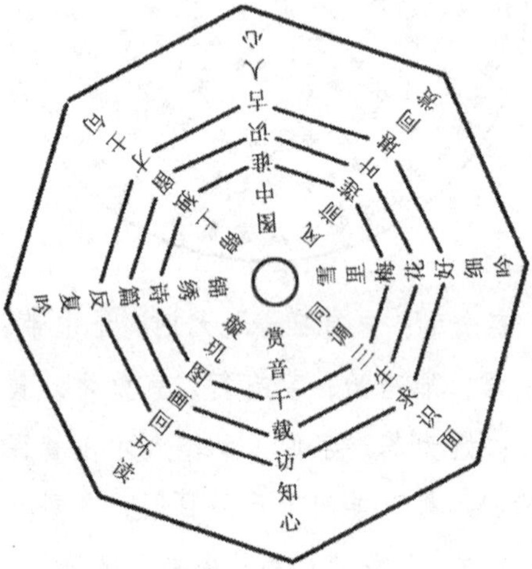

八卦回文图

有的排成“八卦图”。如近人严震的《八卦回文图诗》，可以从任何一句读起，读成七绝、五绝各八首。

七绝如：“同调三生求识面，赏音千载访知心。璇玑图画回环读，锦绣诗篇反复吟。”“璇玑图画回环读，锦绣诗篇反复吟。锦上独留才士句，图中谁识古人心？”五绝如：“三生求识面，千载访知心。图画回环读，诗篇反复吟。”“独留才士句，谁识古人心？莲叶堪同赏，梅花好细吟。”等等。

回文诗

通常是顺读、倒读，一首可以读成两首。有古体、近体两类，古体有三言、四言、五言、六言、七言，近体有五绝、七绝、五律、七律、六言绝句等。

四言如贺道庆《四言回文》：

阳春艳曲，丽锦夸文。
伤情织怨，长路怀君。
惜别同心，膺填思情。

碧风香残，金屏露晓。
入梦迢迢，抽词轧轧。
泣寄回波，诗缄去札。

整首倒过来读就成为：

札去缄诗，波回寄泣。
轧轧词抽，迢迢梦入。
晓露屏金，残香风碧。
情思填膺，心同别惜。
君怀路长，怨织情伤。
文夸锦丽，曲艳春阳。

六言如萧祇《六言回文》：

青山映雪含思，碧草抽烟系情。
屏香梦愁月落，棹兰吟苦风清。
零珠泪红轸促，惨云娥翠杯停。
听君唱我离恨，声悲心凄骨惊。

五古如庾信《和回文诗》：

旱莲生竭镬，嫩菊养秋邻。
满池留浴鸟，分桥上戏人。

七古如苏蕙《璇玑图诗》之一：

仁智怀德圣虞唐，真妙显华重云章。
臣贤惟圣配英皇，伦匹离飘浮江湘。

近体诗五七言绝律回文比较常见，不再举例说明。六言绝句回文比较少见，如陈朝老《暮春》：

纤纤乱草平滩，冉冉云归远山。
帘卷堂空日永，鸟啼花落春残。

上面所举各例，都可以从末一字，按原来句式倒读，读成另一首诗。

回文诗还有另一种格式，如明代南山的《锦缠枝》：

《回文类聚》原注："寒字藏头，左右贯串，自然流转。"《锦缠枝》可以读成七言回文二首："元宜桧竹松边水，水涧飞岩耸秀峦。峦翠近居深处好，好音清玉漱泉寒。寒窗净空亲邀客，客侍闲吟恣取欢。欢宴聚陪终席喜，喜来归兴酒阑残。""元泉漱玉清音好，好处深居近翠峦，峦秀耸岩飞涧水，水边松竹桧宜寒。寒陪聚宴欢取酒，酒阑终窗净席残。残兴恣吟归来喜，喜空亲邀客侍闲。"每一首还可以倒读，既是回文诗，又是顶真诗。

好	处	深	居	近	翠	峦
音	亲	邀	客	侍	闲	秀
清	空	喜	来	归	吟	耸
玉	净	席	残	兴	恣	岩
漱	窗	终	阑	酒	取	飞
泉	寒	陪	聚	宴	欢	涧
元	宜	桧	竹	松	边	水

回文诗还有其他各种变体，有的全首用叠字，有的采用联珠体，花样翻新，不一而足。回文诗在发展过程中也就逐渐增多了文字游戏的成分。

回文词

常见的回文词有这样几种格式，大致是由简单趋向复杂。

一种是词的上片下片都是随句反复。如王安中《菩萨蛮》：

雨零花昼春杯举，举杯春昼花零雨。诗令酒行迟，迟行酒令诗。满斟犹换盏，盏换犹斟满。天转月光圆，圆光月转天。

一二句、三四句、五六句、七八句，都是各自的回文。

一种是词的下片是上片的回读，但句式略有变化。如苏轼《西江月·咏梅》：

马趁香微路远，纱笼月淡烟斜。
渡波清彻映妍华，倒绿枝寒风挂。
挂风寒枝绿倒，华妍映彻清波。
渡斜烟淡月笼纱，远路微香趁马。

一种是按同一词调倒读，如姚燮《虞美人·春闺回文》：

钩帘挂月春宵半，醒梦楼归燕。晚风花落惹愁闲，剩得麝煤香碎、飐炉山。歌声一啭娇云隔，断恨罗衫结。缕金鸳绣络双珠，彩袖薄回鸾镜、晓鬟梳。

从末一字“梳”按《虞美人》词调倒读，则成为：

梳鬟晓镜鸾回薄，袖彩珠双络。绣鸳金缕结衫罗，恨断隔云娇啭、一声歌。山炉飐碎香煤麝，得剩闲愁惹。落花风晚燕归楼，梦醒半宵春月、挂帘钩。

还有一种顺读是词，倒读可以变成诗。如张芬《虞美人·寄怀素窗陈妹，同文七律》：

秋声几阵连飞雁，梦断随肠断。欲将愁怨赋歌诗，叠叠竹梧移影、月迟迟。楼高倚望长离别，叶落寒阴结。冷风留得未残灯，静夜幽庭小掩、半窗明。

从末一字“明”倒读，成七律一首：

明窗半掩小庭幽，夜静灯残未得留。
风冷结阴寒落叶，别离长望倚高楼。
迟迟月影移梧竹，叠叠诗歌赋怨愁。
将欲断肠随断梦，雁飞连阵几声秋。

历代词人们还有一些翻新斗巧之作，后面还要谈到。

回文曲

回文曲比较少见，现在见到有曲牌名的回文曲，有元代仲龙子《普天乐》二十三首和清代宋存标《懒画眉·闺情回文》（套数）。如《普天乐·自况》：

竹敲风，虚檐转月，素秋天爽气新。疏花菊老含露清。梧庭瘦影，梧庭瘦影，影瘦梧庭。

从“庭”字倒读则为：

庭梧瘦影，影瘦庭梧，影瘦庭梧。清露含老菊花疏。新气爽天秋素。月转檐虚，风敲竹。

回文箴铭

箴、铭是文体名，多以规诫或赞扬为主题。回文箴铭则是可以顺读、倒读的韵文，通常是刻在器物上，文字排列成圆圈形，如镜铭、酒盘铭、扇铭、砚铭、墨铭、酒箴、色箴等。如殷仲堪的《酒盘铭》：

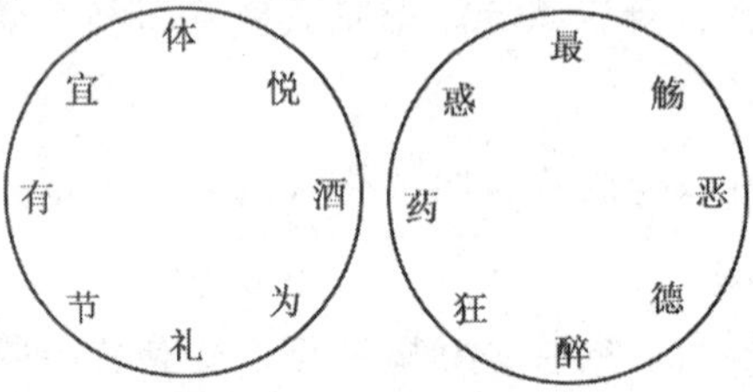

可以从任何一字读起，读成四言回文两句。如：“有宜体悦，酒为礼节”、“悦酒为礼，节有宜体”，“药惑最觞，恶德醉狂”、“醉狂药惑，最觞恶德”，等等。

又如丘迟的《砚铭》，“璧圆水平迹宜理明”八个字排成圆圈；吕岩（洞宾）的《酒箴》“伤德坏身荒国败神”八个字，《色箴》“伤神坏志忘真败气”八个字，排式和读法都和殷仲堪《酒盘铭》相同，各可读成四言回文。镜铭一般也是排成圆圈，如彭孙贻的《镜》回文诗“晓月澄河皎雪清波”，读法与《酒盘铭》相同。但有的镜铭则将文字写在铭带上，如唐墓出土的一面盘龙舞凤的铜镜，铭带上写有这样的四言诗：

盘龙丽匣，舞凤新台。
鸾惊影见，日曜花开。
团疑璧转，月似轮回。
端形鉴远，胆照光来。

这是一首回文诗，可以从“来”字倒读。

回文联

这里所说的回文联，不是回文五律、回文七律中的对仗句，而是特指回文楹联。虽然比较少见，也是一种格式。报载，云南省通海县城郊有座秀山，“绿树成荫，曲径通幽，楼台亭阁掩映于苍松古柏之中。北临杞镜湖，湖光山色，相得益彰，构成一幅绚丽奇秀的山水画。”山上有涌金寺，建于汉武帝元鼎元年（公元前116年），历代文人雅士留下不少楹联，赞美此山景色，其中有两副回文楹联，一副是：

秀山轻雨青山秀，
香柏鼓风古柏香。

上联“轻”与“青”、下联“鼓”与“古”读音相同。另有一联在寺中的紫微廊：

秀气云山云气秀，
山青霭秀霭青山。

历代回文体诗概述

晋代回文诗

以苏蕙的《璇玑图诗》最为著名。

《晋书·列女传》说：

窦滔妻苏氏，始平人也。名蕙，字若兰，善属文。滔，苻坚时为秦州刺史。滔被徙流沙，苏氏思之，织锦为回文旋图诗以赠滔。婉转循环以读之，辞甚凄婉。

武则天的《璇玑图诗序》则说，窦滔另有新欢，宠姬赵阳台在丈夫面前谗毁苏蕙，窦滔因此怀恨，带了宠姬赴襄阳任所，而同苏蕙断绝音讯。“苏氏悔恨自伤，因织锦为回文，五彩相宣，莹心辉目，纵广八寸，题诗二百余首，计八百余言，纵横反复，皆为文章，……名曰《璇玑图》。”她派遣老家人把它送到襄阳任所，窦滔见了，深受感动，“因送阳台之关中，而具车从礼迎苏氏，归于汉南，恩好愈重。”

关于《璇玑图诗》的读法，唐宋明清各代都有人作过解释。宋元间的诗僧起宗，细读《璇玑图诗》，共得三、四、五、六、七言诗3752首，还分别绘了十幅图。明代诗人康万民又增加一幅图，得诗4206首，又将这十一幅图汇集为《璇玑图诗读法》一书，共得诗7958首。《璇玑图诗》确是空前绝后的杰作，是我国民族文化的骄傲！《璇玑图书读法》一书不易见到，现在常见的是清李汝珍的章回小说《镜花缘》第四十一回附录此图，并且详细介绍各种颜色的字体的读法。如四围四角红字读法："自仁字起顺读，每首七言四句；逐字逐句逆读，俱成回文。"例：

仁智怀德圣虞唐，贞妙显华重荣章。
臣贤惟圣配英皇，伦匹离飘浮江湘。

又如中间井栏式红字读法之一："自钦字起顺读，每首七言四句。"也是回文。例：

钦岑幽岩峻嵯峨，深渊重涯经网罗。
林阳潜曜翳英华，沉浮异逝颓流沙。

除七言以外，还有三、四、五、六言回文，真是"纵横反复，皆为文章"，"才情之妙，超古迈今"！

南朝回文诗

以吟咏山水题材的五言诗为多。《文心雕龙·明诗篇》说："宋初文咏，体有因革，庄老告退，而山水方滋，俪采百字之偶，争价一句之奇，情必极貌以写物，辞必穷力而追新，此近世之所竞也。"齐梁五言回文诗的出现，是当时山水诗作者在诗歌艺术日趋成熟基础上进行的探索和创新，是"情必极貌以写物，辞必穷力而追新"的产物。如齐王融《春游回文诗》：

枝分柳塞北，叶暗榆关东。
垂条逐絮转，落蕊散花丛。
池莲照晓月，幔锦拂朝风。
低吹杂纶羽，薄粉艳妆红。

离情隔远道，叹结深闺中。

这首诗全用对仗，形象鲜明，从“中”字倒读也很顺畅。这种艺术形式为前此五言诗所无，给人耳目一新之感。接着，有梁湘东王（即元帝）萧绎的《后园作回文诗》：

斜峰绕径曲、耸石带山连。

花馀拂戏鸟，树密隐鸣蝉。

此诗一出，萧氏兄弟萧纲、萧纶和侄子萧祇以及诗人庾信都有《和湘东王后园回文诗》之作。

南朝的四言回文，则有宋贺道庆的作品和梁代丘迟《砚铭》“璧圆水平迹宜理明”、萧衍《古砚铭》“德写心图墨假音模”、萧纲《纱扇铭》“风发曙光空月照霜”等。

唐代回文诗

唐代诗歌出现空前繁荣的景象，近体诗已发展到十分完善的程度。唐代回文诗也以近体诗为多。在艺术上的创新，首推回文七律。如陆龟蒙《晓起即事因成回文寄袭美》：

平波落月吟闲景，暗幌浮烟思起人。

清露晓垂花谢半，远风微动蕙抽新。

城荒上处樵童小，石藓分来宿鹭驯。

晴寺野寻同去好，古碑苔字细书匀。

皮日休（字袭美）也有和作：

孤烟晓起初原曲，碎树微分半浪中。

湖后钓筒移夜雨，竹傍眠几侧晨风。

图梅带润轻沾墨，画藓经蒸半失红。

无事有怀持永日，共君惟好隐墙东。

以回文七律相酬和，当以皮、陆之作为最早。

其次是回文五绝、回文七绝。如潘孟阳《春日雪以回文绝句呈张荐权德舆》：

春梅杂落雪，发树几花开？

真须尽兴饮，仁里愿同来。

权德舆的和作是道地的近体诗回文五绝：

酒杯春醉好，飞雪满庭闲。

久忆同前赏，中林对远山。

回文七绝有唐末女诗人李舜弦的《蜀宫应制回文》：

浓树禁花开后庭，饮筵中散酒微醒。

蒙蒙雨草瑶阶湿，钟晓愁吟独倚屏。

李舜弦为波斯商人李珣之妹。五代前蜀王衍时，李珣以秀才参与宾贡，舜弦为衍纳为昭仪（贤妃）。一个外国商人家女子，在中国旅居多年，学习中国文化后，居然能作回文诗，也属难能可贵。

再次是“藏头拆字”体，为白居易所创。他的《游紫霄宫》，全诗四十八字，排成圆圈：

浆洗尘埃道未尝于名利两相忘怀六洞丹霞客诵三清紫府章里采莲歌达旦轮明月桂飘香高公子还相觅得山中好酒

所谓“藏头拆字”，《诗体明辨》说：“藏头诗，每句头字皆藏于每句尾字也。”《回文类聚》在此诗下注：“每句取上字下半字为起字，如‘浆’字用‘水’字也。末句用‘浆’字为韵。”这首诗读成七律一首：

水洗尘埃道未尝，甘于名利两相忘。

心怀六洞丹霞客，口诵三清紫府章。

十里采莲歌达旦，一轮明月桂飘香。

日高公子还相觅，见得山中好酒浆。

唐代还有模拟盘中诗的作品。明胡震亨《唐音癸签》卷二十九：“天宝二载，范阳卢母王氏撰回文诗八百一十二字，字数与《璇玑图》同。又会昌中有张睽为边将不归，妻侯氏作诗，绣作龟形寓意，上之朝，乞夫妇。皆《盘中》之类。”范阳卢母王氏回文诗今已不存。侯氏《绣龟形诗》为七律：

睽离已是十年强，对镜那堪重理妆。
闻雁几回修尺素，见霜先为制衣裳。
开箱叠练先垂泪，拂杵调砧更断肠。
绣作龟形献天子，愿教征客早还乡。

中间二联可从“肠”字回读，但不押韵。

宋代回文诗、回文词

宋代回文体诗的创作，出现了前所未有的高潮，不仅作者多，而且知名度高，从皇帝到无名氏，著名诗人王安石、苏轼、黄庭坚、秦观、张孝祥、汪元量等，都在这块园地上留下他们精心制作的篇章，就连大儒朱熹也不例外。其间也产生了作回文诗的能手。《宋史·王博文传》载，王博文，曹州济阴人，年十六，举进士开封府，以回文诗百篇为公卷，人称“王回文”。宋太宗赵光义有《莲华回文偈》千首（见《全宋文》卷七十四《御制莲华心轮回文偈颂序》）。可惜这些作品都没有流传下来。

宋代回文诗在艺术上的创新有三：

一是回文五律。如王安石《客怀》：

泊雁鸣深渚，收霞落晚川。
柝随风敛阵，楼映月低弦。
漠漠汀帆转，幽幽岸火燃。
壑危通细路，沟曲绕平田。

这首诗顺读为五律，倒读为五古。倒读时上下句双用韵：“沟”、“幽”、“楼”、“收”四字押平声韵；“壑”、“漠”、“柝”、“泊”四字押仄声韵。

二是连环回文诗。如宋庠《寄范仲淹》：

从“矶”字到“沙”字共二十字，顺读或倒读，读成多首五言诗，（萤，一作莺）如“矶滩露荻槁，微翠近开花，飞萤聚乱麻，野阔接平沙。”“滩露荻槁微，翠近开花飞，萤聚乱麻野，阔接平沙矶。”“乱聚萤飞花，开近翠微槁，荻露滩矶沙，平接阔野麻。”等等。也可读成七言诗，如“平沙矶滩露荻槁，荻槁微翠近开花，开花飞萤聚乱麻，乱麻野阔接平沙。”甚至可以读成“藏头拆字”七言诗：“草化飞萤聚乱麻，广林野阔接平沙，水少矶滩露荻槁，木高微翠近开花。”

比这首诗更奇巧的，有钱惟治的《表日登大悲阁回文》：

二十字可以从任何一字顺读或倒读，读成五言四句，共可得四十首。如：“碧天临迥阁，晴雪点山屏。夕烟侵冷箔，明月敛闲亭。”“冷侵烟夕屏，山点雪晴阁。迥临天碧亭，闲敛月明箔。”

三是回环“借字体”。如苏轼的《采莲》：

十四个字排成圆圈。次句从前一句的第四字或第五字读起，如：“赏花归去马如飞，去马如飞酒力微。酒力微醒时已醉，醒时已醉赏花归。”

回文词是宋代诗人首创的一种崭新的艺术形式。词起于隋唐，经过五代的发展，到了宋代臻于极盛，宋词成为“一代之文学”。正是在词作高度发展，特别是文人词日益繁荣的基础上，才出现了回文词。

宋代回文词主要有以下几种形式：

1. 上片下片都是随句反复。如苏轼《菩萨蛮》：

落花闲院春衫薄，薄衫春院闲花落。迟日恨依依，依依恨日迟。梦回莺舌弄，弄舌莺回梦。邮便问人羞，羞人问便邮。

2. 同一词调按原句顺读倒读，不改变句式。如郭从范《瑞鹧鸪》：

倾城一笑得人留，舞罢娇娥敛黛愁。明月宝鞲金络臂，翠琼花珥碧搔头。 晴云片雪腰肢袅，晚吹微波眼色秋。清露庭皋芳草绿，轻绡软挂玉帘钩。

3. 下片是上片的倒读，句式略有变化。如苏轼《西江月·泛湖》：

过雨轻风弄柳，湖东映日春烟。晴芜平水远连天，隐隐飞翻舞燕。 燕舞翻飞隐隐，天连远水平芜。晴烟春日映东湖，柳弄风轻雨过。

4. 按同一词调顺读倒读，倒读时句式、韵脚全部改变。如王文甫《虞美人·寄情》：

黄金柳嫩摇丝软，永日堂堂掩。卷帘飞燕未归时，客去醉眠欹枕，殢残杯。

眉山浅拂青螺黛，整整垂双带。水沉香熨窄衫轻，莹玉碧溪春溜，眼波横。

同一词调从“横”字倒读，则成为：

横波眼溜春溪碧，玉莹轻衫窄。熨香沉水带双垂，整整黛螺青拂，浅山眉。

杯残殢枕欹眠醉，去客时归未？燕飞帘卷掩堂堂，日永软丝摇嫩，柳金黄。

5. 省字（或借字）回文词。如梅窗《阮郎归·元夕》：

皇州新景媚晴春，春晴媚景新。万家明月醉风清，清风醉月明。人游乐，乐游人，游人乐太平。御楼神圣喜都民，民都喜圣神。

我国回文词的几种不同形式，在宋代可以说已基本具备。正因为宋代有众多的诗人创作回文体诗，引起人们的兴趣，南宋乾道年间淮海人桑世昌才编选了我国第一本《回文类聚》。

辽金元回文体诗

辽、金、元诗人中也有能作回文体诗的。辽有耶律常哥，但他的回文诗已不传。金有曹勋、宇文虚中、张斛、孟宗献、王庭筠等，作品载《中州集》。元有耶律铸。他们的回文诗词在艺术上因袭前人，谈不上有多大创新。宇文虚中有五绝《四序回文十二首》，全部用对仗句，比较少见。今举《春》三首为例：

短草铺茸绿，残梅照雪稀。

暖轻还锦褥，寒峭怯罗衣。

翠涟冰绽日，香径晚多花。

细笋抽蒲密，长条舞柳斜。

折花幽槛小，倾酒绿杯深。

蝶舞轻风晚，莺啼老树阴。

元代蒙古族诗人耶律铸有《拟回文》七绝二首，其一是：

诗成怨立小桥西，晚日春怀伤鸟啼。

离别书情多寄恨，远山高处暮云低。

回文曲为元代所首创，这当然与元曲的兴盛分不开。但留下的作品很少，《乐府群珠》存仲龙子《回文普天乐》二十三首，题为《自况》一首，《欢情》二十二首，前已举例，不再重复。

明代回文诗、回文词

明代的回文诗词在艺术上继续有所创新。如朱权有叠字回文七律《书怀》：

纷纷雨竹翠森森，点点风花落绿阴。

贫恨苦吟穷寞寞，乱愁牵断梦沉沉。

昏昏岭隔重重信，渺渺江如寸寸心。

因有事情闲默默，我于疏拙老骎骎。

每一句都用叠字，为此前的回文七律所未有。宋、金的《菩萨蛮》回文词都是上片下片随句反复，而明代邱濬的《菩萨蛮·秋思》、汤显祖的《菩萨蛮·拟织妇闺怨四首》，则采取倒读时改变句式、韵脚的形式，它的创作难度更大。如《菩萨蛮·拟织妇闺怨》：

梅题远色春归得，迟乡瘴岭过愁客。孤影雁回斜，峰寒逼翠纱。窗残抛锦室，织急还催织。锦官当夕情，啼听望河明。

倒读则为：

明河望听啼情夕，当官锦织催还急。织室锦抛残，窗纱翠逼寒。峰斜回雁影，孤客愁过岭。瘴乡迟得归，春色远题梅。

又如明末清初董以宁的《卜算子·雪江晴月回文，倒读〈巫山一段云〉》：

明月淡飞琼，阴云薄中酒。收尽盈盈舞絮飘，点点轻鸥咒。晴浦晚风寒，青山玉骨瘦。回看亭亭雪映窗，淡淡烟垂岫。

这首词倒读时，改变句式、韵脚，变成另一词调《巫山一段云》：

岫垂烟淡淡，窗映雪亭亭。看回瘦骨玉山青，寒风晚浦晴。
咒鸥轻点点，飘絮舞盈盈。尽收酒中薄云阴，琼飞淡月明。

这样奇巧的回文词在历代词集中极为罕见。

清代回文诗、回文词、回文赋

清代的回文诗，在数量上几乎超过宋代。有些诗人甚至写成大型的组诗回文七律。如嘉庆、道光年间，诗人、书法家张玉德有《香雪斋雁字回文诗》三百六十首，分成子、丑、寅、卯、辰、巳、午、未、申、酉、戌、亥十二册，用篆、隶、草、行、楷五种字体写成十册，共三百首，未完成就病故。这三百首诗由其子刻成诗碑（诗碑现存陕西户县钟楼，尚存二百九十六首）。《雁字回文诗》的内容“大都是以诗论书，涉及到有关文字的起源、用笔、结体、布局以及书写时的内在感觉和书法的审美要求”（《五体回文诗帖·引言》）。不仅是回文七律的杰作，也是书法艺术的杰作。试举一例：

丰采墨华玉露凝，管横秋气爽凭陵。
雄沉笔兴添风雨，健劲锋毫砺雪冰。
红叶柿林丛牒展，绿株蕉苑艺文誊。
鸿飞肇象垂书契，通贯一天自结绳。

此外，还有汪士杰《回文花鸟吟》七律百首、李旸《春吟回文》七律八十首。他们都是现存回文组诗较多的诗人。

清代诗人在艺术上继续有所创新。以回文诗为例，出现了一种回文联珠诗（也称辘轳回文体或鸳鸯交颈格十字回文诗），如女诗人吴绛雪的四景十言诗：

莺啼岸柳弄春晴夜月明，
香莲碧水动风凉夏日长；
秋江楚雁宿沙洲浅水流，
红炉透炭炙寒风御隆冬。

每句诗都可以读成七绝一首，如：

莺啼岸柳弄春晴，柳弄春晴夜月明。
明月夜晴春弄柳，晴春弄柳岸啼莺。

这种诗体是由借字体七古（如苏轼《采莲》）变化而来。它利用汉语词序决定语法关系的特点，运用联珠这一修辞技巧，精心制作。借字体只可顺读，而回文联珠诗既是借字体，又是回文，顺读倒读皆成章句。但是这种回文体在字面上反复，而意思相重，说它是文字游戏也不冤枉。

还有一种是回文诗意变化。如李禺的《夫忆妻》：

枯眼望遥山隔水，往来曾见几心知。
壶空怕酌一杯酒，笔下难成和韵诗。
途路阻人离别久，讯音无雁寄回迟。
孤灯夜守长寥寂，夫忆妻兮父忆儿。

这首诗倒读，题目和内容都变成“妻忆夫”：

儿忆父兮妻忆夫，寂寥长守夜灯孤。
迟回寄雁无音讯，久别离人阻路途。
诗韵和成难下笔，酒杯一酌怕空壶。
知心几见曾来往，水隔山遥望眼枯。

真是“文章本天成，妙手偶得之”。

清代回文词创造了三种新形式：

一是回环韵回文词，上片下片都是同句倒读，如毛奇龄《浣溪沙》：

阴柳垂庭山枕斜，禽鸣自上槛边花，深屏午梦隔窗纱。

瓮启冰牙蛆泻酒，襟披雪眼蟹潆茶。临妆晚扫淡黄鸦。

逐句倒读回前，则成为：

斜枕山庭垂柳阴，花边槛上自鸣禽，纱窗隔梦午屏深。

酒泻蛆牙冰启瓮，茶潆蟹眼雪披襟。鸦黄淡扫晚妆临。

二是回文词倒读成七律。如女词人张芬《虞美人·寄怀素窗陈妹，回文七律》，这种形式可与董以宁《卜算子·雪江晴月回文，倒读〈巫山一段云〉》媲美。前面已经举例。

三是回文词词意变化。如卓人月的《菩萨蛮·合欢迎送词》，倒读时不仅改变句式、韵脚，而且改变词意。顺读为“迎词”，倒读为“送词”，请看：

春宵半吐蟾痕碧，斜窥愁脸如相忆。空捻两三弦，朱扉寂寂然。依期郎践约，悄步人疑鹤。小舒轻雾纱，收袂蘸红霞。（迎词）

按同一词调倒读，则成为：

霞红蘸袂收纱雾，轻舒小鹤疑人步。悄约践郎期，依然寂寂扉。朱弦三两捻，空忆相如脸。愁窥斜碧痕，蟾吐半宵春。（送词）

“依期郎践约，悄步人疑鹤”，描写等待和迎接情郎的情景；“悄约践郎期，依然寂寂扉”，是写送别情郎、约他下次再来，和送走情郎后的怅惘、寂寞情怀。回文词的艺术，的确是愈益工巧了。

特别值得一提的是，清代首次创作了回文赋。作赋要铺陈辞藻，讲究字句对偶的工整，声律格调的和谐，本来难度就较大；若要回读成赋，就更难了。请看清初石庞的回文赋《雪赋》：

微风荡月，薄烟笼雾。柳藏饥乌，日落飞絮。舞衫点片，花围深树。练锁荒山，日歌岁暮。寒阴石潮，风掷羽毛。翠疏巢晓树，驴瘦踏危桥。寺深藏径，天远隐蛟。林阴响涧，岫晚归樵。庭垂箸玉，座满琼瑶。莺饥避冷，草舞回风。僧归踏影随明月，鹤睡笼阴暗老松。星沉涧碧，犬吠山空。轻翅坠香飘粉蝶，细鳞飞彩斗潜龙。层波现璞，枕石鸣泉。青拖竹径兮金筛玉戛，影锁槐庭兮干老根盘。清露引笙兮鸣凤，澹梅浸镜兮窥鸾。凝阶兮剪水，禁暖兮添寒。成山铸玉，刻石堆盐。烹茶暖灶，煮酒书笺。虚阁晚开雾，翠岚朝带烟。鱼沉浅水，日漏空峦。书排妇鸿奴雁，画送遥水远山。枯枝老树寒依石，野店荒村远接天。雨云劳梦兮迷衾枕，烟篆锁香兮绕麝兰。古今兮来往，尘世兮凉炎。曙光幽动珠帘竹，圆露薄腥玉砌苔。语鸟栖阴梅野霁，啼鸡听晓桂窗开。光浮短烛，暖带寒灰。囊书觅景，鬓雾扶钗。长漏玉温冬夜永，瘦容山色暮风悲。觞开腊破，瑞接春催。香吹短笛兮残花落，叶舞旋风兮冷雁哀。凉潭隐月梦魂清，绿生空水；细蕊凝香幽骨透，影倒老梅。江渡晚渔，浪破听移孤艇去；路随斜柳，潮残响带暗蓑归。茫茫断岸兮荷败，漠漠空庭兮草衰。乡思客恨闲敲韵，夜醉魂摇独梦槐。锵锵斧响幽林，绿笠风寒松叶细；寂寂扉关曲径，枯薪担冷岫云微。缸笼淡影竹移窗，剪收香袖；玉种空花芦拥浪，衣冷绣闺。狼虎纵横树坞荒，石绾苍苔瑟瑟；雁鸿飞尽江天远，云鬟翠岭巍巍。冈平兔走，野旷鸦飞。长亭两岸草连烟，碧流茶瓮；叠嶂双峰屏写画，清泛酒杯。窗晴皎皎，院冷皑皑。乱日飘花兮飞玉，凄其舞絮兮敲竹。断桥兮布密云，鸣钟兮扫轻尘。片片翻兮穿幕帘，娟娟白兮积石岩。殿绕浓烟兮壁彩，庭书淡墨兮山矮。

从“矮”字按原来句式回读，读到“桥危踏瘦驴，树晓巢疏翠”，以下几句改变句式，读为：“毛羽掷风潮，石阴寒暮岁。歌曰：山荒锁练树深围，花片点衫舞絮飞，落日乌饥藏柳雾，笼烟薄月荡风微。”这样，顺读为一百零四句，倒读为一百零一句。这篇回文赋原无标点符号，后来由王仲厚先生断句，颇费工力。

现当代回文诗、回文词

现当代回文体诗的创作并没有绝迹，在形式上有所创新，在题材上有所突破。随着近年来各地诗社组织的大量涌现和当代诗词创作的进一步发展，写回文诗的人也多起来了。有的诗人甚至自费出版了专集，如蔡丽水有《笑叟回文集》，冯锦诸有《七律回文集》。

在形式上出现了“珠串”回文体，为董天狂所作，如：

开颜笑对笑颜开，回复往兮往复回。
谊尚知交知尚谊，杯深款饮款深杯。
住非留客留非住，来不期时期不来。
旨味乡调乡味旨，才疏愧报愧疏才。

这首诗以每句第四字为“纲”，前后三字如珠串对称下垂，故名珠串回文体。

现当代诗人中能作回文词的极少。近人王远甫所作回文词，用了前人从未用过的词牌。如他的《十六字令》：

风。江曲漾波隔岸枫。丛芦隐，月明垂钓篷。

倒读则为：

篷。钓垂明月隐芦丛。枫岸隔，波漾曲江风。

又如他的《捣练子》回文词：

山云满，望层林。高涧飞泉绕磴寻。闲潭碧映峰遥对，户环村拱柏森森。

倒读则为：

森森柏，拱村环。户对遥峰映碧潭。闲寻磴绕泉飞涧，高林层望满云山。

不落前人窠臼，算得是一种创新。王远甫还发展了《虞美人》回文七律的形式，使之更有变化。如《虞美人·夜饮回文》：

明灯一顷倾杯酒，照影清宵叟。坐吟鸣籁晚看林，隐隐远痕凉觉、院沉沉。 声飘叶撼秋腾驾，意寄筝调夜。赏音情系客思寻，梦旧白头惊忆、苦劳心。

这一首既可按同一词调倒读，如：

心劳苦忆惊头白，旧梦寻思客。系情音赏夜调筝，寄意驾腾秋撼、叶飘声。 沉沉院觉凉痕远，隐隐林看晚。籁鸣吟坐叟宵清，影照酒杯倾顷、一灯明。

又可读成七律回文：

明灯一顷倾杯酒，照影清宵叟坐吟。
鸣籁晚看林隐隐，远痕凉觉院沉沉。
声飘叶撼秋腾驾，意寄筝调夜赏音。
情系客思寻梦旧，白头惊忆苦劳心。

这样的回文体诗在艺术形式上是空前的、独创的，在世界上恐怕也是绝无仅有的。

另外，《西湖十景回文》、《西湖新十景回文》，着意描绘今日西湖的风貌，如《平湖秋月》：

平铺绣色一湖秋，月映波光金璧浮。
清宇瀛壶冰府远，筝歌放楫泛轻舟。

又如《阮墩环碧》：

风帘酒肆旧湖丘，碧水环瀛绿树稠。
丛翠映红灯彩艳，空台阮奏伴清讴。

开用回文诗吟咏杭州西湖景色的先声。此外有的诗人用回文诗歌颂我国社会主义建设的新貌，有的用于对外文化交流，在题材上进行开拓，应当说是有意义的。

回文体诗的写作特点

综观历代回文体诗，除了“回复读之，皆歌而成文”这一共同的特点以外，在写作上还有以下几个特点：

题材以写景咏物和闺怨为主

写闺怨也好，写景咏物也好，有时又往往交织在一起。后人仿作回文体诗，在题材方面不能不受到这种影响。但是随着回文体诗词的不断发展、创新，它所能反映和容纳的题材，也就日趋广泛、多样，甚至可以反映重大的战争题材和历史事件。例如宋人桑庄的《秋日收兵献钟侍郎》：“疆域复时归马健，鼓鼙休处乱云轻。霜凝积恨怀边戍，月落冲寒夜上城。”描述了边疆戍守、平定战乱、收兵凯旋的情景。又如汪元量《卢沟桥王昭仪见寄回文次韵》：

沟水泸边落木疏，旧家天远寄来书。
秋风冷驿官行未？夜月虚窗客梦初。
流雁断鸿飞旷野，舞鸾雏鹤别穹庐。
裘貂醉尽一杯酒，愁散方知独上车。

反映了南宋君臣后嫔被俘北上、暂住驿馆、即将遣送上都的生活情景。这首回文七律不仅描写了特有的北国秋天的风光，而且寄寓着深沉的故国之思、君臣之恋，堪称“宋亡之诗史”。至于宋代徐权的《偶书》，则是用回文体来叙写禅理，如：

明中悟理造忱诚，性觉通真见即行。
生不生来空是境，有无有处化为城。
荣枯现梦因缘想，色相求心妄执情。
名与实亡都在道，盲聋苦学漫营营。

以禅理入诗，以议论入诗，它的缺乏形象性，也就再明显不过了。但由此也可知回文体诗的适应性是较为广泛的。

表现手法以叙述、描写为主，以赋为主，偶用比兴、拟人

有的几乎全用叙述，如前面举过例的李禺《夫忆妻》。有的几乎全用描写，如宋周知微《题龟山》（一作唐徐夤《回文诗》）：

潮随暗浪雪山倾，远浦渔舟钓月明。
桥对寺门松径小，槛当泉眼石波清。
迢迢绿树江天晓，霭霭红霞海日晴。
遥望四山云接水，碧峰千点数峰轻。

一句诗仿佛是一幅画。大部分回文诗词则兼用叙述、描写或其他手法。如

《盘中诗》以“山树高，鸟鸣悲，泉水深，鲤鱼肥”起兴，引

起“吏人妇，会夫稀”的感慨，接着，叙述、议论、抒情兼而有之。又如咏物诗往往兼用比喻、拟人手法。清汪士杰《回文花鸟吟·虞美人》则以虞姬比拟虞美人花：

休歌楚调别残春，血剑看来尚损神。
幽阁晓妆舒绣绵，绿鬓云影化前身。
眸凝醉舞轻腰细，雨浥娇含湿翠颦。
愁景触情心忆远，悠悠恨眼照花茵。

情景交融，诗中有画，是回文体诗的重要艺术特色

不论是写闺怨，写友情，还是无题诗，总是由景生情，寓情于景，情景交融。如王安石《无题》：“碧芜平野旷，黄菊晚村深。客倦留酣饮，身闲累苦吟。”“进月川鱼跃，开云岭鸟翻。径斜荒草恶，台废冶花繁。”既有对眼前景物的形象描述，又抒发了诗人罢相后退居南京钟山时的苦寂情怀。又如苏轼《菩萨蛮·回文秋闺怨》：

井桐双照新妆冷，冷妆新照双桐井。羞对井花愁，愁花井对羞。影孤怜夜永，永夜怜孤影。楼上不宜秋，秋宜不上楼。

上片描写一位晨妆初罢的女子，见井旁双桐而添愁，对井照影，见井中桐花而羞怨更深。由景生情，颇似王昌龄《闺怨》诗“忽见陌头杨柳色，悔教夫婿觅封侯”那样的感慨。清王士禛《蝶恋花·和漱玉词》中的名句“郎似桐花，妾似桐花凤”，见桐花而联想到情郎，大约也是同一意境。而回文山水诗词则显示了“诗中有画”的特色，不少诗人写的“四时四首”、“四序回文”，对四季景色的描绘，不仅形象鲜明、生动，兼具诗情画意。

在语言的运用上，多用实词构词成句，虚词用得较少，复音虚词极少用

由于回文体诗的句子既能顺读，又能倒读，回环往复，词义都通，实词在这方面具有较强的构词功能。如“青山”倒读为“山

青”，“泪珠”倒读为“珠泪”，“黛眉”倒读为“眉黛”，词序变了，语法关系变了，意思却差不多。又如“红窗小立低声怨”句，把实词“立”字作为中心词，前后组成“红窗小立”、“怨声低立”的词组。而用虚词构词就没有如此方便。一般旧体诗，可用复音虚词，如“未应”、“何须”、“莫教”、“不足”、“何故”、“安能”、“何必”、“何其”、“未必”、“何使”、“但使”、“最是”、“岂有”等，以利诗意的承转，加强诗歌的音乐美，而回文诗中则只能用上极少数的几个复音虚词，如“未曾”、“何能”、“如何”等。一般中长调词多用领字，如“任、看、待、乍、怕、总、问、爱、奈、似、但、料、想、更、算、况、怅、快、早、尽、嗟、恁、叹、方、将、未、已、应、若、莫、念、甚、对”等（见元陆辅之《词旨·单字集虚》），在两韵之间起着承上启下的作用，而在回文词中则很少用这些虚词作领字的。

回文七律、七绝的平仄格式

今人冯锦诸先生一直从事回文七律的创作，积累了丰富的实践经验，并从中摸索出七律回文的平仄格式。他认为写作七律回文，不宜采用七律的仄起格式，因为倒过来读，平仄、韵脚多不符合，而应当采用平起格式为好。现将七律的平起式和回文体并列如下，作些比较：

律诗体	回文体
①平平仄仄仄平平。	①平平仄仄仄平平。
②仄仄平平仄仄平。	②仄仄平平仄仄平。
③仄仄平平平仄仄。	③平仄仄平平仄仄。
④平平仄仄仄平平。	④仄平平仄仄平平。
⑤平平仄仄平平仄。	⑤平平仄仄平平仄。
⑥仄仄平平仄仄平。	⑥仄仄平平仄仄平。

⑦仄仄平平平仄仄。　　⑦平仄仄平平仄仄。

⑧平平仄仄仄平平。　　⑧平平仄仄仄平平。

回文体所不同的，不过是将律诗体③④⑦句的第一字和第三字的平仄互换。回文体的③④⑦句倒读，就分别是回文体的③⑤⑥句。⑤句不需押韵，②⑥句须有平声韵脚，才合七律格式。如此既可顺读，又可倒读，平仄并无差异，而且平声字仄声字各占二十八个。

回文七律中的“平仄仄平平仄仄，仄平平仄仄平平”这种句式，在唐人诗中也很常见，如岑参的“金阙晓钟开万户，玉阶仙仗拥千官”；温庭筠的“波上马嘶看棹去，柳边人歇待船归”；白居易的“看院只留双白鹤，入门惟见一青松”；张祜的“潮落夜江斜月里，两三星火是瓜州”；曹松的“为客正当无雁处，故园惟道有书来”等等，例子很多，不胜枚举。

冯锦诸先生还认为近体诗所谓“一三五不论”的说法，在回文体诗中则不适用。否则，平仄一旦失调，既容易出现“孤平”，又怕倒读后句末出现三平声、三仄声的毛病。

由七律回文格式，可知回文七绝的格式：

平平仄仄仄平平。

仄仄平平仄仄平。

平仄仄平平仄仄。

平平仄仄仄平平。

除第一句可改动为“平平仄仄平平仄”，第四句可改动为“仄平平仄仄平平”以外，中间两句是必须严格遵守、一字不易的。

第五章

酒 令

醉翁之意不在酒

饮酒行令，称为酒令，是饮宴时助兴取乐游戏的统称。古人为限制酗酒、监督轰饮而设的行政法令也称酒令。故酒令又称觥律、觞政、酒评、醉乡约法等。觥是兽角制的酒器，觞是盛有酒的酒杯，分别引申为饮酒和给人饮酒。后来，酒令的两种含义混为一谈，趋于一致。人类为了健康劳动和优生繁衍，饮酒必须适可而止，而适量饮酒又需要采取有约束性的娱乐手段来达到自节和他控。

这种君子协定虽然全在乎自觉执行，但在很多场合，为了防止一旦遭到意外的破坏，宴席上往往公推令官一名，由他发号施令。令官执“法”如山，虽属游戏却“六亲不认”。只要是共席饮酒的，不论辈分长幼、官秩高低，都得无条件地服从令官，否则将遭到酒令法则的“制裁”。

因为酒令最初的含义是行政令规，所以最早的令官也是禁酒的萍氏，监督酒法（如酒诰）的酒正（酒官）等。春秋卫武公开始在宴席上设立监佐史，这是有文字记载的最早的酒席令官了。专职令官逐渐转化为由首席长官指定的临时“裁判”，如南梁湘东王曾命王规当令官。不知何时又变成由歌女、舞妓等陪酒、劝酒的酒佐充当的角色。因妓女雅称录事，唐代称令官为觥录事或席纠。宋代又称酒纠，取酒席上纠偏之意。但唐宋间也并非全用酒妓当令官，偶尔有选男仆乃至文人、官吏为之者，如唐代诗人元稹充当过觥录事，称觥录事也不算耻辱。明清两代，令官（特别是家宴场合）一般由不登宴席的婢仆充当，如《金瓶梅》中西门庆的小厮王经，《红楼梦》中宴请刘姥姥时众女公推的贾母贴身丫环鸳鸯等。他们虽然身份低微，但既被奉为“酒席盟主”，本人要“铁面无私”，不得偏袒任何人；于是各位则都得听令依法，虽西门庆、史太君也不例外。

当然，酒令之所以有令则行，有禁则止，也并非完全归功于令官的权威，而主要归功于更权威性的处罚手段——罚饮干杯。盖因士大夫、淑女遇上罚酒，等于在酒席上打了败仗，输了一阵。谁都以不罚为强，以少饮为荣。以饮制饮，用罚饮来节制痛饮畅饮，这就是不可思议的酒令哲学，比强制性的行政酒戒、劝世性的酒德文字乃至罚银、示众、打四十大板还见效。

在今天看来，饮酒犯什么法？但古代不然。鉴于饮酒会导致误事旷业、聚殴起衅，不少帝王“因噎废食”：周禁群饮；汉戒“牛饮”（滥饮）；高唱“何以解忧，唯有杜康”的汉相曹操也下过戒酒令，遭到孔融反对；蜀主刘备甚至下令砍“杜康”们的头，虽经简雍劝谏，但已有多少人为私藏酿具而丢脑袋啊！尽管饮酒会遭到如此可怕的后果，但杜康的魅力依然吸引着人们。莫说帝王将相每逢节庆与民同乐，不少士大夫平日也跟酒结下了不解之缘。秦代郦食其自称“高阳酒徒”，借酒名讨好刘邦，运筹车轼，东下齐城七十二。晋代刘伶更是肆无忌惮地狂饮滥喝。儒生中分化出来的铁拐李，酒葫芦不离身；吕洞宾曾三醉岳阳楼，错斩黄龙，还让卢生做了一场黄粱美梦。或许，后来的戒酒令被佛教戒规所取代，但也不能否认风雅性酒令的限制作用。

酒令的妙处还远不止于仅仅使宴会秩秩有仪，饮乐油油适度。它可以避免一个人自斟独酌、吃闷酒伤脾损肝或者像石延年跟刘潜一言不发地对饮终日，越饮越憋气；它可以减少“少长咸集”之际迂礼拘谨，打破社交场合没话找话的尴尬局面，使宾主和谐，亲朋融洽，它可以消除登山临水、幕天席地的疲劳，使旅游观光更有趣味；它可以让性急鬼慢慢陶醉，解颐开怀，不错过花好月圆的良辰美景；它可以益智广识，陶冶情操，调节身心，提高文化修养；它可以克服单纯的猜拳拇战，狂舞杂沓，提高生活修养，良化社会风气。于是，消极颓唐的“一醉方休”变成为积极向上的联谊活动：春游踏青赏花，夏夜泛舟玩月，秋窗剪烛听雨，冬宵围炉映雪。一有酒令，别开生面，四时长乐，百岁长春。

酒令虽严莫嗔虐

酒令过程可以跟酒席同起同落，也可在饮到半酣（微醉）再开始行令，并无时间规定。酒令开始时，先让令官饮一杯“令酒”，算与各位“歃血为盟”。接着开始命题——行什么样的酒令，得向大家宣布。如果行的是众所周知的酒令，如明清人熟知的《女儿令》，则如同打扑克“争上游”一样，宣布个名目就行了，充其量来个枝节性的补充就足够了。如果令官或酒席上的某人创造个新的酒令，或把几种酒令串起来行令，那么，令官或提议者要向大家作个说明，必要时还须作个示范性酒令。不管是令官还是提议人，这酒席上第一条酒令就称做起令。众人遵循其法式而作令，凡中间的每个酒令，都叫接令，或叫还令。到了该酒令循环完毕需要更换另一种法式的酒令之时，或宴罢席散之时，来个收尾，这“压台”的一个令，称为收令或完令。

行令过程中，如有某人触犯令规或违反酒令内容、法式要求，或不会还令时，令官裁决（无令官场合，大家一致认为）他该罚饮。还令可以请别人代替，但酒不能免罚。有时令官（或大家）认为某人的还令做得特别好，大家共贺一杯；或者酒令本身规定先饮再作，那都不在处罚之列。罚饮通常以一杯为限，杯底无余沥为度，特殊情况下，用加倍罚酒或罚一大觥（大一点的杯子）的手段以示“严厉制裁”，但不宜滥施多用。

酒令的传递方式（行令次序）有挨座传递和飞觞两种。不按座次而按某种法式所决定的次序饮酒作令，就叫飞觞或羽觞，仿佛酒杯长了翅膀似的飞来飞去，从上一家飞到下一家。飞觞的方法很多，往往隐含在上一家的酒令内容之中，或上一家说完自己“本分”的酒令后，再拖个“尾巴”（如“画蛇添足”一样），把酒令“飞”给另一位。

直接用酒令内容飞觞的如“数目令”，规定各诵前人诗句一句，句中必须至少包含一个数目字，就用这个数目字在诗句中的位置来飞觞。例如某甲说“四顾山光接水光”，那么他下座的第一个人，如某乙，就得接令。如某乙说“南朝四百八十寺”，则以下挨次数下去第三四五六座的四个人都得喝一杯，喝完公推其中一人还令。凡“双，两、百、千、万、亿”等都算数目字，一个一个算，并非合成一个数词才算一个，如某丙说“花面丫头十三四”，这“十三四”并非只飞到下面第五位头上，而是第五，六、七三位。因此，诗句包含的数目字越多，“打击”面越广，若说罗隐诗句“一二三四五六七”（《京中立春》），则飞及一大片，人少的话，一圈数过来，连他自己也被飞进去了。

清末民初南社诸公有一次行令是采用酒令后面拖一句的办法飞觞的。倡议者叶楚伧（叶叶）起令：“井上有李，李白，白头搔更短。如渑之酒甘如醴。”其中第一句是古语，第二句是人名，第三句是昔人诗句，这三句之间的首尾字必须相同。第四句用于飞觞，这里用“酒”字飞觞。按叶叶的飞觞，下面的第四座郑仄尘必须接令。郑说此令太难，宁愿受罚大杯，叫俞剑华（俞锷）代做。俞说：“隔千里兮望明月，月上，上穷碧落下黄泉。龙头泻酒寿酒星。”这里第一个“酒”字飞到陈佩忍，第二个“酒”字飞到胡朴庵（胡蕴玉），两人都必须接令。佩忍说：“红杏在林，林小红，红杏枝头春意闹。”朴庵说：“异种也称王，王无功，功名付流水。”因他讽刺清政府，众人拍手称好。当着两人或两人以上同时接令时，通常由第一个字的接令者说句飞觞，此处即由佩忍飞觞："对酒当歌。"酒令轮到第二个字接令者下面的第二座陈匪石（陈世宜）做。如此飞下去。后来陈佩忍的"中必叠双，双文，文章有价留鸾掖"，因巧妙地运用了唐代杨汝士的名句，且"双"字，"中"字有双关意义，大家认为是换令的关键，可以换一种酒令了。于是佩忍此令就成了收令，而且他成了下面一种酒令的起令人。他的起令规定用"叶"字飞觞，办法同上。

飞觞有时也借助于掷骰、拈筹、握枚等辅助手段进行。往往在正式行令之前先用辅助手段决定各人在酒席中扮演的角色，角色名称因酒令内容而异：有时各人扮演戏曲中的生、旦、净，丑、末；有时"充当"各种鱼；有时"扮演"小说中的各位人物。这种角色有明有暗。明角色是"身份"公开的。如用骰子掷出点数——定码，按酒令内容规定的角色各自"对号入座"，如"揽胜图"酒令中"幺为渔父，二为道士，三为剑侠，……"等。或者各人向竹筒里抽根签（酒筹），直接抽预先写好在筹上的角色，如"寻唐僧令"中，你抽到"铁扇公主"，我抽到"孙悟空"，等等。暗角色则除本人外，其余众人，包括令官，都不得而知其"底牌"。所以，角色所行之令又往往被称做酒底。暗角色也可以用握枚来决定，如"渔翁下网令"中，各人都暗暗地握几枚松子或莲子之类小东西，握几枚，便根据令官宣布的几号鱼名"充当"什么鱼。

角色既定，那么，正式行令实际上就是决定"酒面"了。酒面也可用掷骰、拈筹等方式一次又一次地决定。酒面对上谁的角色，谁就得饮酒或行一个小小的其他酒令，例如说个笑话，唱两句什么的；或者根据酒筹上的暗示性语言照做；根据骰子掷出的点数做出相应的"行动"。

然而，古人对"酒面"、"酒底"的说法不尽一致。有时一条酒令中就包括酒面、酒底二部分，令官统一归定的部分称做酒面，各人演化的部分称做酒底。对此，不拘一义。

带有占卜形式的飞觞，具有数学随机性，比诗句嵌字式的飞觞客观，纵然借用骰子、签筹等赌具、卜具，以及具有“听天由命”那样的占验性质，但用于游戏，正如玩扑克和抽签摇彩那样，说穿了也并不可怕。

在古代可行可用的酒令，其优劣、雅俗，很难一言以蔽。一般以难易适中，雅俗共乐者为佳，以饮罚适度者为好。形式太俗，内容韵小；借酒令诅人骂人，揭人隐私，挑拨离间；过度嘲笑别人生理缺陷；杀风景；制造难堪局面；令人啼笑皆非，拂袖而起，不欢而散，乃至拔拳起衅，桌翻椅倒，都是酒令的大忌。因此，善择酒令法式，善定酒令内容，十分要紧。当然，在旧社会，讽刺一些误国奸宄，恶霸劣绅，或者官场中互相攻击的一些酒令，并非没有。

酒政无苛约数章

最初的，也是最容易的一类酒令是当筵赋诗、即席作歌。其内容不外乎祝辞颂歌。如魏文侯时公乘不仁行过这种觞政；汉高祖刘邦唱过《大风歌》，等等。后来略为别致的是共韵联句，如汉武帝君臣；南梁曹景宗、沈约等人；雷次宗、何尚之、沈怀文等人的联句，不过是因为在酒席上作诗，才被后人纳入酒令。

真正开酒令先声的是投壶赋诗。如鲁昭公十二年，晋侯招待齐侯的国宴上，由相国中行穆子主持的投壶赋诗。并吞五国的秦将王翦为了积蓄士兵斗志以打败楚将项燕，也曾让兵士行过投壶之戏。

自上古至六朝，统治酒席的就是诗歌，由于当时诗歌是舞蹈的歌词，要说娱乐，并不是乐在诗的本身，而很大成分是沾了乐器、歌喉、舞姿之光。如燕太子丹饯送荆轲入秦时，那苦中作乐的也在于“渐离击筑悲，宋意唱高声”。盛唐三大诗人高王王的旗亭斗诗很大程度上决定于歌女们的声色。当时三人诗名不分高下，便相约到旗亭饮酒。因着女孩子们有眼不识泰山，不知道眼前三位客人是自己天天赖以吃“开口饭”的诗作者，三人就暗暗下了“赌注”：看她们唱谁的诗最多。第一个女子唱的是“开箧泪沾臆，见君前日书，……”，高适在墙上画了一个记号：“一首”。第二个女子唱“寒雨连江夜入吴”云云，第三个唱“奉帚平明金殿开”云云，王昌龄得意地连画两个记号：“两首”。这可急坏了王之涣，他指着最美丽、歌喉最好的一位红衣女子说：“这位女士必定唱我的诗！”果然不出所料，那女子冉冉起立，展开金嗓玉喉，高唱“黄河远上白云间，一片孤城万仞山”，余音绕梁，直有飞度玉门关之势。王之涣乐得手舞足蹈，自豪地拍着两人肩膀说：“怎么样？乡巴佬，我说得不错吧！”从此，“黄河远上白云间”便出了名。

金代元好问、杨果、李冶等人的雁丘葬雁则是即席填词，这种唱和，词牌都是《迈陂塘》，但不共韵。清代王士禛、袁于令等的红桥赓和是步第一个人的原韵。宋琬等人的一次宴集是分韵限字，如宋琬拈得“郎”字，于是他做的七律就有“南国山川悲庾信，大江烟雨忆周郎”之句。

如若随便口占，搞个打油诗或编个民歌，则更谐谑风趣。

宋代《籍川笑林》载某村娶妇，婚宴上有一桌四人行令：衙吏先说，“每日排衙次第立”；医生接说，“药有温凉寒燥湿”；秀才说，“夜深娘子早梳妆”；巫师说，“太上老君急急急”。这种打油联句颇引一笑。

明末周玄晖《泾林续记》所载三县令口占，亦颇有趣。三个县官等候抚院开门，身边带了酒，便在门口杯来盏往，相约行令。时旭日东升，一官说：“东方日出三分白，日落西山一点红，北斗七星颠倒挂，牵牛织女喜相逢。”另一官见庭中有荷花池，因说：“一湾流水三分白，出水荷花一点红，映水莲房颠倒挂，鸳鸯戏水喜相逢。”第三个县官筹思不得，忽闻门外鼓乐喧天，门斗说是乡下人娶新妇，县官立即有了题材，便说：“村里妇人三分白，口上胭脂一点红，两耳金环颠倒挂，洞房花烛喜相逢。”此三人的酒令一时传遍里巷。

列举前人成句，要比自己制作难些。如“单传名句令”，出令为潘大临名句“满城风雨近重阳”，有人答薛道衡“空梁落燕泥”，有人答崔信明“枫落吴江冷”，但都弄错了，令官加以纠正，指出单传名句大多属民谣之类，如汉代童谣“千乘万骑上北邙”，南梁童谣“青丝白马寿阳来”等，而不是整联、整首流传的诗句。

“有问无答令”要求被问者用诗句回答，诗意要连贯，且遵守押韵规则，这等于当场做集句，比任何作诗填词都难。令官问：“有何物?”接令者答：“有‘珍珠帘外净无尘’。”问：“无何物?”答：“无‘娴雅风流一座倾’。”问：“要何物?”答：“要‘绕郭荷花三十里’。”问：“不要何物?”答：“不要‘隔花应有断肠人’。”诸如此类。

始知文字乐无穷

文字游戏类酒令大多属雅令，很像语文知识竞赛和百科智力竞赛，难中见趣，难度大于诗词酒令。

文字类酒令是根据汉字字形结构或读音编造的。由于汉字的沧桑变幻，历代酒令中的文字既不同于今天标准汉字，又区别于上古籀篆结构，仅供例证，毋庸考据。

象形法

唐代西川节度使高骈跟女诗友薛涛行令。高骈出个“一字令”：“口，有如没量斗。”薛立刻还令：“川，有似三条椽。”高问：“奈何一条曲？”薛回答：“相公尚且使用没量斗，我这个穷酒佐三条屋椽于弯一根，又何足为奇？”高骈十分佩服她敏赡。

拆字法

包括偏旁析字、碎锦析字，离合字等三种。

偏旁析字，是将汉字的形、声两偏旁拆开，演作酒令文字。著名的是唐人酒令：“锄麑（猊）触槐，死作木边之鬼”，“豫让吞炭，终为山下之灰”。是把“槐”、“炭”一分为二，将其偏旁融嵌句中，虽变化了典故的事实，却语贯意通。明代郎瑛《七修类稿》中哀叹荒年的酒令亦属偏旁析字，其中一条是：“年去年来来去忙，不杀鹅时也杀羊，今年若还要鹅吃，除却鹅边鸟字旁。”意为只有自己吃——“我”了。

碎锦析字，是将字形彻底分解。如《云麓漫钞》所载，后周使臣陶谷到吴越，钱俶王客气地出酒令欢迎：“白玉石，碧波亭中迎仙客。”陶谷确是个风流使臣，故被钱王誉为“仙客”，然而他却自恃上国大使，虎视江东，毫不客气地还令：“耳口王，圣（聖）明天子要钱唐。”钱王当然顾全大局，后来还帮助赵宋合灭南唐，戏曲中还说吴越帮助陶谷跟南唐的秦弱兰完婚呢！

类似的是清人笔记中的一则民间故事。说有个樵夫在山上遇见两个仙人：南斗、北魁。他们饮酒无馔，请樵夫坐下来共饮，有意戏弄他一下。南斗起令说：“耳口王，圣人吃酒没啥尝。”随即自割耳朵，切作三块，三人分食。北斗还令说：“臣又贝，贤（賢）人吃酒没啥配。”自割鼻子，也切作三块分食。樵夫觉得味道真美，但又不能割自己的肉，便拔一根头发，砍为三段，收令说：“穴身弓，穷（窮）人吃酒没啥供。”两星一齐叫起来：“这头发怎么佐酒？”樵夫笑道：“我又不曾叫你们吃，只供祭祀的。况樵某向来一毛不拔，今拔一毛，已足慷慨了！”二仙上了当，拂袖而去。

周玄晖《泾林续记》载，明宪宗时，在韩襄敏公（韩雍）庆功宴上，当时还未当总督的邵宪长迟到。韩一肚子不高兴，见邵撑伞进门，便出个酒令以示轻蔑之意：“天阴雨下人撑伞，伞（傘）字中间有四人，有福之人人伏侍，无福之人服事人。”邵委婉地还令“回敬”他：“人逢喜事精神爽，爽字中间有四人，人前莫说人长短，只恐人前又有人。”在座的陈知府见两公斗嘴，便举酒圆场：“从来乡党莫如齿，齿（齒）字中间有四人，谁人背后无人说，哪个人前不说人！”两公才一笑作罢。（此事《畜德录》说是韩雍跟夏埙之间的酬酢酒令）这种酒令虽非碎锦析字，但从一个字中抽出几个相同的字来，贯以俗语，组成一首打油诗，亦属巧思敏构。

离合字，是将字形结构分分合合，编成几句作酒令。如“一字化三、贯成语令”：“禾字添口即成和，将口易斗便成科（租税）。俗话说，宁增一斗，莫增一口。”明代陈询得罪权贵被贬，同僚们置酒送行，陈循起令：“轰（轟）字三个车，余斗字成斜，车车车，远上寒山石径斜。”高谷接令：“品字三张口，水酉字成酒，口口口，劝君更尽一杯酒。”陈询收令：“矗字三个直，黑出字成黜，直直直，焉往而不三黜？”表达了自己因刚直而屡遭贬黜的心情。

民间故事有三友饮酒或四婿拜寿所行的“同色离合字令”：“颜色相同茶与酒，吕字平分两张口，小口饮茶，大口饮酒”；“颜色相同梅与雪，朋字平分两个月，腊月赏梅，雪月赏雪”；“颜色相同煤与炭，出字平分两座山，低山出煤，高山出炭”。

就离合字在句中的位置论，有“上下离合字令”，如“山色空濛雨亦奇”（崎），“利欲驱人万火牛”（犁）；有“并头离合字令”，如把三个词牌的首字拼成一个字：“木兰花、卜算子、早梅芳”（棹）；“月下笛、西地锦，女冠子”（腰）。

离合字若能巧妙运用汉字形声结构，可演化出更为奇巧的隽语来。如“门口问信，人言不久便来”，“八刀分肉，内人私议不均”等。

嵌笔法

要求在句中嵌进某些笔画或字形。如“干支诗令”，须诵一句诗，其中两个字分别包含天干地支的字形，如“薛王沉醉寿王醒”嵌“辛酉”。薛王、寿王皆唐玄宗时的皇亲。又如“花名暗令”要求花名嵌时辰，如列举李花含“子”时，柳花含“卯”时，等。

偏旁显隐法

一种是句中显示同一偏旁或同样笔画的字，另一种是隐去同一偏旁或同样字形结构的字。

“有口诗令”是列举一首诗，每句有包含口字形的字。如张祜的诗：“故国三千里，深宫十二年。一声《何满子》，双泪落君前。”又如司马光：“四月清和雨乍晴，南山当（當）户转分明，更无柳絮因风起，唯有葵花向日倾。”清末南社所行的“口字飞觞”则采用四书成句之包含口字结构字形者。令官俞锷起了个“人知之亦嚣嚣，人不知亦嚣嚣”之令，一下子飞及六人，且“嚣”字所飞及者四人，每人饮四杯。胡蕴玉还令的一句“讴（謳）歌者不讴歌启而讴歌益”，使叶楚伧飞着二字五杯。这个令再飞下去，大家都要“腾云驾雾”了，于是只好改弦更张。所以，这种令一般不作飞觞用。

“无口诗令”则隐去带口形结构的字。如列举王安石的《元日》：“爆竹声中一岁除，东风送暖入屠苏。千门万户曈曈日，总（總）把新桃换旧符。”这种令，弄错一个字不过罚一杯，不苛刻也不放纵。还有“鸟兽无形令”、“虫鱼偕隐令”、“花木脱胎令”，分别列举其名称但不得包含“鸟、隹（短尾的鸟），马、鹿、牛、羊”，“虫、鱼”，“帅、木”偏旁。如列举布谷、戴胜、信天翁、当康（传说中的兽名，状如小猪而有牙），纺织娘、石首（鱼名），夜来香，映山红、剪秋罗，等等。

析字化形法

如“字体象形翻筋斗令”：“甘字像刨子，一跟斗成丹字”；“苗字像猫脸，一跟斗成界字”等。“字体抽梁换柱令”：“軍（军）字抽出柱，搓作一团放在顶上，便成宣字”。“推字换形令”如“十在口内为田，推十往右成叶”；“禾在口内为困，推禾往左成和”等。

《聊斋志异》中的《鬼令》是往上推字的换形令。说有位展先生酒醉触树而死，邻人某乙夜宿古庙，见他和几个人携酒入殿，饮酒行令。一人起令：“田字不透风，十字在当中，十字推上去，古字赢一钟。”第二、三、四人依法分别将回字、囹字、困字推成吕、含、杏字。轮到展先生，他想不出还有什么字可推了，便说：“日字不透风，一字在当中。”众人笑问：“推作何字？”展先生干一杯，说：“一字推上去，一口一大钟。”众人大笑。

双声叠韵法

如《镜花缘》中诸美人所行的“人名（或物名）串成句令”：“姬姜，东都妙姬南国佳人”；“商羊，百羊之皮不如一狐之腋”，等等。其中“姬、姜”双声（声母相同，见母），“商、羊”叠韵（韵母相同，阳韵）。

音调法

如“一字四声令”的“差（叉）差（钗）差（磋）差（雌）”为同字异读。“四声令”的“天下大悦”为平上去入四种中古声调组成的成句。

谐音双关法

《纪异录》载，唐代令狐楚闻说进士顾非熊口才好，便出一个“三字同音令”：“水里取一鼍（扬子鳄），岸上取一驼，将者（这）驼，来驮者鼍，是为驼驮鼍。”顾立即答令：“屋头取一鸽，水里取一蛤，将者鸽，来合者蛤，是为鸽合蛤。”

《摭言》记卢肇在江亭中宴姚岩杰，以眼前景物作“乐器名”酒令，卢说：“远望渔舟，不阔尺八。”姚很快地满饮一杯，作呕吐状，还令说："凭阑一吐，已觉空喉（箜篌）。"尺八、箜篌皆乐器名。

某些古人姓名常被唐宋人用作酒令题材。如"古人名颠倒谐音令"："夏禹见雨下，使李牧送木履给萧何，萧何道：'何消！'""田单定屯田，使贡禹送《禹贡》与李德，李德云：'得履。'"又如五代吴国李昇跟僚属们雪天饮酒，他久蓄篡代杨氏政权的野心，想试一试僚属是否忠于他，便借雪为题，举令说："雪下纷纷，便是白起（秦国将领）。"宋齐丘说："着屐过街，必须雍齿（原项羽名将后降汉）。"表示愿意追随李昇同谋叛吴。徐融却不然，便答道："明朝日出，争奈萧何?"萧消谐音，他用日出雪消暗示阴谋要败。李大怒，当夜将徐融丢进长江喂鱼。后来只有宋齐丘辅佐李先主建立南唐。(见《古今笑史》)

宋元年间，杨毅接待高丽僧人，酒间出令，要用两个古人争夺一物。僧人说："古有张良、邓禹争一伞，良曰凉伞，禹曰雨伞。"杨次公说："古有许由、晁错争一葫芦，由曰油葫芦，错曰醋葫芦。"(见明潘埙《楮记室》)

后人将苏轼、刘敞用谐音相互开玩笑的故事衍化为"果名药名令"："幸早哩（杏枣李），且从容（苁蓉）。""奈这事（奈蔗柿），须当归。""偶留连（藕榴莲），在熟地。"九种果品药味，恰好编成一问一答：一个要回去，一个要留住他。类似的还有"曲牌贯鸟名令"："要孩儿断藕露丝（鹭鸶）"；"红娘子傍妆台，画眉情急了（秦吉了）"。

"物名称谓令"是一种叠字谐音令。《坚瓠集》载，明代文学家袁宏道置酒舟中款待某举人及其弟某部郎，并邀请县官江盈科（笑话专家）一同饮游。众客请主东起令。袁见船头一只水桶，便有了题材，因说："要举一物，影合亲属称谓，并一官衔。"于是指水桶说："此水桶，非水桶，乃是木员外的箍箍（吴音读哥如箍）。"举人见苕帚，来个反击："此苕帚，非苕帚，乃是竹编修的（嫂嫂）。"

盖袁宏道之弟中道担任编修之职。江盈科正在思索，忽见岸上有人捆稻草，便说：“此稻草，非稻草，乃是柴把总的束束（叔叔）。”因为他知道举人有个堂侄担任把总（低级武官）。于是三人相顾大笑。

谐音双关，若辅以拆字离合，则为“离合同音令”，更觉巧妙风趣。如梁章钜《归田琐记》把明代兵部尚书方逢时的酒令改为江南三县令的戏谑故事。说有一次公宴，善于开玩笑的无锡卜知县听说新任宜兴知县方某年少而有口才，便偷偷地跟武进知县商量好，事先构思一酒令，企图出一出方知县的洋相。席上，卜知县起令说：“两火为炎，此非盐酱之盐，为何添水便淡?”武进知县接令说：“两日为昌，此非娼妓之娼，如何开口就唱?”方知县说：“这个酒令不难，只不过冒犯卜老先生了。”众官说：“但说无妨。”方说：“两土为圭，此非乌龟之龟，如何添卜成卦?”众官大笑，卜知县也十分佩服他才思敏捷。

读白字想不到在酒令中大派用处！

“四”个黄鹂鸣翠柳

词语类酒令是在诗文语句的词汇上做“手脚”的酒令。

数目显示法

旧体诗词中最多的词汇是数词，南朝鲍照、虞义、范云等人甚至做一种嵌一至十的数目诗。乾隆年间二江学政李调元的“一名大乔二小乔，三寸金莲四寸腰，买得五六七包粉，打扮八九十分娇”，是数目诗的典型。不知何时，数目诗衍化为举诵包含数词的成句的酒令。如“四书数目令”限举数字打头的句子，如“一人定国；二女女焉；三子者出”等。“数目诗令”则要求各人诵一句且用数字飞觞。正因为数目字在诗词中最常见，所以此令题材广阔，即使限朝限代，熟悉诗词的人也还能随便举出几句包含数目字的诗句。只要读过《唐诗三百首》或《千家诗》的人，就能顺利地“过关”。

数目加倍法

隋朝侯白《启颜录》说，北齐高祖称赏晋代郭璞的《游仙诗》，席上众臣纷纷附和：“此诗极工，诚如圣旨！”唯石动桶站起来反对：“这有什么了不起！若要我做，可以胜他一倍。”高祖不悦：“你是什么人，自吹做诗胜郭璞一倍，岂非寻死？”石回答：“若不胜一倍，臣甘心伏罪。”高祖便命他赋诗。石说：“郭璞《游仙诗》说：‘青溪千余仞，中有一道士。’臣作诗：‘青溪二千仞，中有二道士。’岂不胜他一倍？”高祖大笑。后世加倍令，即本于此。如把杜甫“五月江深草阁寒”加倍作“十月江深草阁寒”；把李白“江城五月《落梅花》”改作“江城十月落梅花”；又如“芳筵银烛两相见”、“花下偶然吹二笛”等，都倍得合乎情理。但若把戴敏的“熟梅天气半晴阴”倍一倍，就于理不通了。

迭字法

如重叠飞声令：“疏疏密密滴檐声”，“一一鹤声飞上天”，“卧听村村打麦声”等，均以声字飞觞。又如“男子双名令”，列举诸如“赫连勃勃”、“殷七七”、“陶八八”等昔人名，则须熟悉经史。

删字法

如“诗句减字意足令”：“姑苏城外寒山寺，夜半钟声”，“昼出耘田夜绩麻，村庄儿女”，分别删去“到客船”和“各当家”，但意义也完整。

嵌字法

把规定的字嵌入句中。嵌头的如“先生令”：“先生以利说秦楚之王"；"先生以仁义说秦楚之王"；"先生馔"等。

嵌尾的是苏老泉"冷香令"，传说苏洵家宴，举令说："水向石边流出冷，风从花里过来香。"苏轼说："拂石坐来衣带冷，踏花归去马蹄香。"（按，后蜀周某原句为"拂石坐来衫袖冷"）苏小妹说："叫月杜鹃喉舌冷，宿花蝴蝶梦魂香。"均嵌冷香二字，所用诗句皆前人成句。

"葩经花名令"综合了各种位置的嵌字法，且用会意飞觞。其中，"并头花"嵌头，如"鸡既鸣矣，冠蕤双止"飞戴帽者饮；"锦衾烂兮，带则有馀"飞瘦子饮；"月离于毕，季女斯饥"因月季常开，飞大家吃菜。飞觞对象可视赴席对象而定。"并蒂花"嵌尾，如"有之杜，其叶沃若"；"阚如虓虎，言提其耳"等。当然"虎耳"（蔷薇之类草名）飞到武将或兵士身上。

"含蕊花"嵌第二字，"交加花"嵌一头一尾，"叶底花"嵌第三字，"参差花"嵌二、四字。而"连理花"类同词语连缀，嵌在首句末字和次句第一字。

这种酒令也可嵌人名、地名、乐器名、颜色，乃至任何临时决定的词汇。倘用成句，最好不拘位置，如："玉人诗令"是诗句中嵌玉人二字，如"玉楼人醉杏花天"；"车马诗令"嵌车马二字，如"门前冷落车马稀"；"集人名令"嵌人名，如"曹交问曰：植其杖而芸"，"为我尊前横绿绮，偶然楼上卷珠帘"。既然乱嵌，便可直接用来飞觞。如"五色飞觞令"规定依次嵌青黄赤白黑五字飞觞。如令官飞青字，"两山排闼送青来"，则第六座饮酒飞黄，"额黄无限夕阳山"，他后面的第二人飞赤，"海东还驭赤虬来"，依次类推，直到黑字收令。"黄鹂白鹭令"也是如此，然而兼含"黄鹂、白鹭"的不过"两个黄鹂鸣翠柳，一行白鹭上青天"，"漠漠水田飞白鹭，阴阴夏木啭黄鹂"（也可用李嘉裕五言），"花深远岸黄鹂闹，雨急春塘白鹭闲"等数联为人所熟悉。

"织锦令"犹诗钟之"碎锦"。令官取四个字，要座中人嵌字作诗一联。如“虾国长须仁亦至，鲲鱼着翅怒而飞”嵌虾仁鱼翅四字。嵌位不限，故可飞觞，但必须对仗。这比起采用成联来，显然方便多了。

若只说一句，嵌一个字，虽用成句亦不太难，你看，连西门庆、应伯爵之流也会露一手。《金瓶梅》中，西门庆书房赏雪，邀女婿陈敬济等人饮酒行令，先命小厮王经掷骰，掷到温老先生起令。他说：“掷出几点，不拘诗词歌赋，要个‘雪’字”，于是饮令酒，掷了个幺点，说了个“雪残鹦鹉亦多时”。应伯爵掷出五点，因说个“雪里梅花雪里开”，犯了两个雪字，被西门庆罚了一大钟。西门庆掷出七点，想了半天，才想出《香罗带》中一句唱词：“东君去意切，梨花似雪。”因嵌在第九字，被应伯爵倒罚了一大钟。鉴于陈敬济抽身先走，便请温先生完令。温抬头见壁上挂着一副对联，是他“远祖”温庭筠的“风飘弱柳平桥晚，雪点寒梅小院春”，便诵后一句，正好符合幺点。

连缀法

古称“粘头续尾令”，后世称“绩麻令”，所说句子可成语，也可俗语，只要前一人之末字与后一人的首字相同便行。如令官说“福履绥之”，接令者可说“之子于归”，再下面说“归宁父母”、“母也天只”……，收令者仍须用令官的“福”字结句。倘其中所言的末字无可接续，特别是限定一本书时往往有此情况出现，则须罚前者；若可接而不会接，则加倍罚接令者——后者。“四书连理令”、“并蒂连环令”等大同小异。南社所行的诸如“秋云如罗，罗衣轻，轻罗小扇扑流萤”等令，也属此法，所不同的是每人自己“粘头续尾”，且用诗句、人名代替《四书》之句，略显通俗些。

遮面法

一种是避用本名，而用其代名词来表达。如“乐器诗令”：“斜抱云和深见月”，说琵琶不得“指名道姓”，须用“云和”代替；“为我尊前横绿绮”，说瑶琴不得直呼其“讳”，须用“绿绮”代替。另一种是说名称，但字面上不得有该类物名的统称字。如“花名令”“芙蓉如面柳如眉。”未犯“花”字。又如“药名诗令”：“卧看牵牛织女星”；“计程应说到常山”，包含了药名“牵牛”、“常山”，却未犯“药”字。

垒塔法

取古书中的一字至十字句，依字数从少到多串起来，要求各句的首尾字相同。如“国名叠塔令”是取首尾字是国名的成句串起来组成的酒令。如说：“秦，韩秦，韩与秦，韩甚疏秦，韩谒急于秦，韩必入臣于秦，韩出锐师以佐秦，韩令冷向借救于秦，韩相公仲使韩侈之秦，韩为中军以与诸侯攻秦。”此令限于《战国策》一书，若嫌太苛刻，可改行允许尾字不同的“四书偶句令”，只要字数递增就行。或者再放宽些，不拘《四书》，那更便利令人。

回环法

把一句中的词汇按相反次序倒读成另一句，称为回环。如“古人姓名回环令”：“江革隔江见鲁班般橹；李元园里映蔡释释菜。”则兼有谐音。此处不仅回环，而且是回文（按字序倒读，不仅可按词序倒读）。回环句必须在意义上通顺，尽管有时不合乎历史事实，如鲁班与江革相差不知多少年，却凑在一起。

回环令一般用于急口令，则不是考验才思，而是锻炼反应灵敏度。如说：“宝塔七层一二三四五六七，七六五四三二一层七塔宝。”接着再顺数、倒数九层、十三层，说得要快，则心越急。这样，难免语无伦次，说错个把字，罚上一杯。

诵读法

一种是每人数节气三遍，自立春至大寒，不得语塞，也不可说颠倒次序。

另一种是朗诵一篇诗文，挨次每人一字，其中遇到某一类字或句号逗号者做一个规定的手势，由于手忙脚乱做错手势或忘做手势，均须罚饮。如“读《大学》手势令”不仅要做字义和标点手势，还要做诸如“遇心指心、遇口指口、天覆地载”等偏旁笔画哑语，自然常常罚酒。况今非科举时代，能背诵《大学》者有几人？倒不如“饮中八仙令”，用杜诗飞觞，此令之所以选用《饮中八仙歌》，实因此诗中包含跟酒、水、酒具有关的字较多。数诵中，遇口字偏旁、笔画者吃一杯，遇酒字饮大杯，遇水酉偏旁、杯觞饮斗等字饮半杯。这倒不难，难就难在遇到落笔一钩的字要向左轮转，遇到一撇的字要向右轮转，很容易疏忽弄错。如：

知（一杯）章骑（一杯，左转）马似乘船（一杯，右转），眼花落（一杯半）井水（半杯左转）底（右转）眠。汝（半杯）阳（左转）三斗（半杯）始（一杯）朝天，道逢曲车口（一杯）流（半杯右转）涎（半杯），恨不移（左转）封向（一杯）酒（一大杯）泉（半杯）。左相日兴（一杯）费万钱（右转），……高（二杯）谈（一杯）雄辩（一杯）惊（一杯）四筵。

此诗字面上造成的饮酒机会太多，恐怕一诗下来，真要成为醉仙了。

物华天宝借余光

语意类酒令不仅在字面上，而且在意义上做文章。

简便的一种是释义，如“女儿令”。《红楼梦》里贾宝玉、冯紫英、云儿、薛蟠、蒋玉函五人所行的酒令便是。酒面限定“喜、乐、悲、愁”四字，酒底要个成句。如冯紫英说：“女儿喜，头胎养个双生子；女儿乐，私向花园掏蟋蟀；女儿悲，儿夫染病在垂危；女儿愁，大风吹倒梳妆楼。”其酒底是“鸡声茅店月”。这种令，喜可喜从天降，乐可乐不可支，悲则飞来横祸，愁者杞人忧天，只要押韵，尽管说来，毫无犯忌。便是这么通俗的令，薛蟠还吭吭哧哧，而且狗嘴里吐不出象牙。但若必须用人名、曲名或成句，恐怕只有宝玉一人能行。如"女儿腰，步步娇"；"女儿寄，罗绶分香，翠绡封泪"（罗椅）等。此令清代常用，雅俗共用。

"姓名相戏令"则把专有名词巧妙地释义作普通名词。有张更生者，与李千里同饮，李举令说：

"古有刘更生，今有张更生，手持一本金刚经，不知是胎生是卵生？是湿生是化生?"张还令说："古有赵千里，今有李千里，手中一本刑法志，不知发配二千里还是二千五百里三千里?"

体物贯意法

《续青琐高议》所载杨亿的"有酒如线，遇斟（针）则见"和丁谓的"有饼如月，因食（蚀）而缺"，是较早的体物令。

明无名氏《笑海千金》有一则《笑县尹官贪》：某县官与县丞都爱钱，唯主簿清廉。一日饮酒，县官出令，要《千家诗》一句加俗语二句贯意。他先说："旋砍生柴带叶烧，热灶一把，冷灶一把。"县丞说："杖藜扶我过桥东，左也靠着你，右也靠着你。"主簿借机嘲讽："梅雪争春未肯降，原告一两三，被告一两三。"

察意切物法

切官名的如："百千万里尽传名"切同知；"红袖添香夜读书"切侍郎；"群书已熟无人似"切博士。

切人名的如"四书贯水浒人名令"："日月逝矣"切时迁；"援之以手者"切顾大嫂。

切天文名的如苏东坡"二十八宿令"："黄莺儿扑蝴蝶不着，虚张尾翼。"佛印还令："二郎神绕佛阁，想是鬼奎危娄（高楼）。"均包含二个曲牌名和四个星宿名。

切颜色的如唐人的五色四六（骈骊文的别名）：“晓入梁山之苑，雪满群山；夜登庾亮之楼，月明千里”切白色；文天祥等人仿之作黑、黄、青色等，如“尧时十日并出，烁石流金；秦宫三月延烧，照天烛地”切赤色。虽非正式酒令，亦游戏三昧，可作酒令题材。（见《冷庐杂识》）

切八卦名的酒令较多。如苏东坡的卦名证故事令，一客说：“孟尝门下三千客，大有（䷍）同人（䷌）。”一客说：“光武兵渡滹沱河，既济（䷾）未济（䷿）。”一客说：“刘宽婢羹污朝衣，家人（䷤）小过（䷽）。”东坡收令说：“牛僧孺父子犯罪，先斩小畜（䷈），后斩大畜（䷙）。”但六十四卦中并非大多数卦名可以用作酒令，如“四书贯卦名令”也不过切这么几个卦。

串意映合法

把某些名称贯入语句，或跟成句串起来，赋以新意或他意，这是编造酒令中较活泼的一种方法。

其中难度最大的是集合词牌名的酒令：“长相思，十二时，烛影摇红玉漏迟”；“殢人娇，系裙腰，凤凰台上忆吹箫”；“看花回，凤衔杯，绿意春从天上来”。既要串意，又要押韵，且不准多一字少一字，限定燃纸媒一寸的时间为度，十分苛刻。若放宽一二个条件就方便多了。如“药名贯串曲牌名、律例令”的“红娘子，笑和尚，闺门不正”，“刘寄奴，骂玉郎，恶奴欺主”；“诗句贯曲牌名令”的“有约不来过夜半，误佳期”，“多少功夫织得成，十段锦”，“梦魂摇曳橹声中，夜行船”；“月令贯西厢”的“萍始生，嫩绿池塘藏睡鸭”；“四书贯千字文”的“其养民也惠，爱育黎首”以及“骨牌名贯诗令”的“紫燕穿帘，飞入寻常百姓家”，“观灯十五，六鳌海上驾山来”，“临老入花丛，将谓偷闲学少年”等，至少减去了押韵这个条件。南社诸公的“诗句——曲牌——诗经”贯意令，虽较复杂些，但也不要求叶韵。如胡蕴玉的“三月三日天气新，好姐姐，携手同行”；叶叶的“万国衣冠拜冕旒，齐天乐，赫赫宗周”；周斌的“龙蟠虎踞石头城，望江南，禾黍离离”等。

“曲牌贯果名令”看起来多了个谐音条件：“混江龙滚起浪淘沙，石榴（留）不动”；“下山虎吃了山坡羊，菱（零）角犹存”，但允许用衬字连贯。

苏东坡等人游佛寺，佛印师留饮般若汤（酒）时所行的“落地无声令”虽押韵，但衬字更多。如苏轼所起令：“雪花落地无声，抬头见白起，白起问廉颇，如何爱养鹅？廉颇道：白毛浮绿水，红掌拨清波。”秦观的还令是：“蛀屑落地无声，抬头见孔子，孔子问颜回，如何爱种梅？颜回道：前村风雪里，昨夜一枝开。”（《笔谈》）这些都是二个人名贯串二句诗的酒令，意贯而不必拘泥史实。

类似的是南宋贾似道宴请马廷鸾、江万里时所行的“曲名贯诗句令”。如马丞相说的：“我有一渔竿，寄与渔家傲，渔家傲不受，云：夜静水寒鱼不食，满船空载月明归。”

“骨牌离合令”是听令官唱什么牌名，就接什么样意思的诗句。如令官宣“左边一张地”，次座接“到处聚观香案吏”；令官又宣“右边两个么”，三座接“二月春风似剪刀”；挨次一个一个问答下去。《红楼梦》里则采取每人说一副。如鸳鸯宣：“左边是长三。”宝钗答：“双双燕子语梁间。”鸳鸯宣：“右边是三长。”宝钗接：“水荇牵风翠带长。”鸳鸯宣：“当中‘三六’九点在。”宝钗接：“三山半落青天外。”鸳鸯宣：“凑成铁锁练孤舟。”宝钗收：“处处风波处处愁。”对于刘姥姥，当然被特许不用成句，自由发挥。如鸳鸯宣：“中间三四绿配红。”刘答：“大火烧了毛毛虫。”红红绿绿，挺像哩！鸳鸯又宣：“右边么四真好看。”刘接：“一个萝卜一头蒜。”确乎形象。鸳鸯笑道：“凑成便是一枝花。”刘接：“花儿落了结个大倭瓜。”众贵妇一阵阵的哗笑，说明刘姥姥的俗语比黛玉、迎春等人的雅句更风致。

藏庾法

如《洛阳伽蓝记》所载“三三横，两两纵”的庾语，这庾语很像字谜，但谜底非得最后一个人道破不可，中间的众人即使射中，也得像“庾”一样说出半藏半露的话儿，如“沽酒老妪翁注缸，屠儿割肉与称同”；“吴人浮水自云工，妓儿掷绳在虚空”等。当然谜底是熟习的“習（习）”字。后世“诗里藏阄令”更像射谜，不过谜面谜底须一股脑儿说出来，如：“黄鸟避人穿竹去，山莺逃（山樱桃）”；“芰荷翻雨浴鸳鸯，水淋禽（水林檎）”；“云迢迢良夜惜分飞，清宵离（青消梨）”。

人面桃花相映红

语言艺术类酒令，是巧妙地利用文字、语词、修辞、逻辑等方面一些离奇、反常、变异或巧合的情形所编造的酒令。其编造技法也多种多样。

虚实法

如以“寿”字飞觞而不得犯“寿”字本义的“寿字诗令”：“薛王沉醉寿王醒”；“行人独上寿阳楼”；“堕云孙寿有余香”；“心如韩寿爱偷香”，等等。此寿已非长命百岁之寿，而是专有名词中的寿字了。

有其名而无其实者，采之而为“空中楼阁令”：“琼楼玉宇”、“海市蜃楼”、“广寒宫阙”之类。

有其语而无其事者，可用作“有名无实令”的素材。如《坚瓠集》所载明末南京智妓陈二的酒令。陈二熟娴四书，一天，跟许多名士一起饮酒，以有名无实的俗谚为令。陈二说了个“缘木求鱼”，众皆称赏。唯有一少年故意捉弄她，说：“乡下人捕鱼，往往搭桥在河上，站在桥木上拉罾网，岂非缘木求鱼?”陈二不得不受罚，饮毕，又说：“挟泰山以超北海。”这一下少年顿觉其也无懈可击了。

真赝法

钻修辞比喻“空子”的，有“别有天地令”：“秋波”（目）、“春山”（眉）、“云宅”（面孔）、“玉楼”（肩膀）、“银海”（眼）。这些人体器官或人体部分的固定比喻并非真山实海。又如“利器虚声令”的“舌剑唇枪”、“谈锋”、“笑里刀”等，亦非真刀真枪。类似的还有“花非花令”的“灯花”、“雪花”、“浪花”；“珍禽异兽令”的“金鸭”、“铜驼”、“铁马”；“作人令”的“竹夫人”（枕）、“汤婆子”（暖具）等。

“诗句干例禁令”甚至故意制造“冤假错案”：“春宵一刻值千金，哄抬市价”；“夜半钟声到客船，私渡关津”；“紫薇花对紫薇郎，同姓通婚”，到头来一场虚“惊”。

一真一假的是“诗分真假令”：“门泊东吴万里船，花开十丈藕如船”，“葡萄美酒夜光杯，寒夜客来茶当酒”；“经雨不随山鸟散，休将云雨下山来”。前句真“货”，后句假“货”。

同异法

如要求各人说诗一句，内含花鸟名称相同的词，这称为“花鸟同名令”。即“望帝春心托杜鹃”、“翠翘金雀（花）玉搔头”、“（十）姊妹双飞入紫房”之类。

排比法

如“同体令”：“言不必信，行不必果”；“谏则不行，言则不听”，等等，是集成句而蝉联成令的，一似修辞的排比。

分合法

所谓麦秀两枝，农人难辨；似是而非，模棱两可。如《秋山碎锦》所载苏东坡所行的“颠倒令”：“闲似忙，蝴蝶纷纷过短墙；忙似闲，白鹭饥时立小滩。”座中或说：

“来似去，潮翻巨浪还西注；去似来，跃马翻身射箭回。”或说：“动似静，万顷碧潭澄宝镜；静似动，长桥影逐酒旗送。”或说：“难似易，百尺竿头呈巧艺；易似难，执手临歧话别间。”或说：“悲似乐，送葬之家喧鼓乐；乐似悲，嫁女之家日日啼。”或说：“有似无，仙子乘风游太虚；无似有，掬水分明月在手。”或说：“贫似富，梢水满船金玉渡；富似贫，石崇穿得敝衣行。”或说：“重似轻，万斛云帆一霎经；轻似重，柳絮纷纷铺画栋。”类似的有“两歧令”：“山色有无中”；“梅雪争春未肯降”，等等。而“女子男名令”的“翁须”（汉皇后），“韩公”，“子夫”；“男子女名令”的“冯妇”，“女娲”（古人以为古娲为男子），“五娘子”（唐李君羡小名），教人一下子难辨雌雄。

“诗句聚讼令”是“两歧令”的发展：“黄梅时节家家雨，梅子黄时日日雨，只是熟梅天气半晴阴”；“杜鹃枝上月三更，子规啼彻四更时，只是子规夜半犹啼血”；“故遣寒梅第一开，无数梅花落野桥，只是林寒疏蕊半开落”。均为三种互相矛盾的含义。

强合法

即把毫无关系的事物强凑在一起。自然“强扭的瓜不甜”，故而称为“无情对”，又称“大小对”。如一个酒客说的：“南内月明谁侍寝，西湖波暖好浮家。”上联说的是皇帝老子，下联说的却是渔船，贵者愁，贫者乐，作为对联，实有“荒唐”之趣。但另一个酒客偏偏抽到“杨贵妃”和“醉翁椅”两张阄，于是贵妃合该独自吃闷酒了：“钿盒寄将犹有恨，玉山倾倒不须扶。”此类荒唐全在于对仗工整，越一本正经拼成对联越发噱。

因果法

如同一人说谎，一人圆谎那样，行令时故意将诗句读错一字，然后引另一句诗为错句辩护。如："少小离家老二回，只因老大嫁作商人妇"；"菜花依旧笑春风，只因桃花落尽菜花开"；"旧时王谢堂前花，只因江燕自归花自开"。这叫"改字诗令"，筹思时先采"购"下句，然后寻索上句，方始有的放矢。

辗转因乘法

这原是托名苏轼《艾子杂说》中讽刺教条主义诡辩的笑话，用虚构的滑稽大师艾子跟营丘士的对话方式表达。清代梁晋竹《两般秋雨庵随笔》说杭州人喜欢以此为令。一人见晾衣竿插于木磉，衣重风紧，屡被吹倒，便说："须用石磉，方可不动。"另一人反驳："那为什么染坊的元宝石一天到晚在动？"接着一个反驳一个。"这是因为有人用脚踏之故。""城隍山紫阳山，每天成千人脚踏，为何又不见其动呢？""山大而实心，所以难动。""那么城河上的桥梁小而空心，却为何踏而不动呢？"如此俳语，一直说下去，说到不能辩驳为止，说不上的罚饮。

臻极法

起自画家顾恺之等人的"了语危语令"。《晋书》载，顾恺之、桓元等人在仲堪家，各作了语、危语一句。其了语如："火烧平原无遗燎"，"投鱼深渊放飞鸟"之类近乎泼水难收的话题。其危语如桓元说的"矛头淅米剑头炊"，仲堪说的"百岁老翁攀枯枝"，某一参军说的戏弄仲堪眇目（独眼龙）的"盲人瞎马，夜半临深池"。不是痴人说梦、缘木求鱼，就是雪上加霜、千钧一发。另一种如"名姓简繁令"则有似今之"世界之最"一类知识竞赛。

巧谐法

如"解语花令"须举花名同美人名者，有如"木兰"、"芍药"、"虞美人"。又"花间两姓令"："郁李"、"金钱"、"山查（楂）"。

每样花恰巧包含两个姓氏。又“餐花令”：“粉团花”、“馒头菊”、“米囊花”。此类花可赏而不可食。“草木春秋令”和“斗草令”在取材上比上述几种略有回旋余地。前者列举花名中包含天文节候之字者。后者可天文、可时令、亦可颜色、数目、珍宝、地理等，但名称要对仗，如月桂对风兰，麦秋对华夏，青萍对绛树。但若说“子午花”，则就难以成双了。

名称的妙用还有“徐文长并吞六国”的故事。徐年少时参加一次酒会，自然成了大人们戏弄的对象，众人推年纪最大者为令官，令官见七个人六只菜肴，便要每人说一个典故拿一盆菜自吃，规定按年纪大小依次行令，企图让徐文长没有下酒的菜肴。于是这位老先生说：“姜太公钓鱼。”说着把一盆西湖醋鱼拿过来自吃。第二人说：“时迁偷鸡。”将辣子鸡移到自己面前受用。第三人说：“张飞卖肉。”把一盆走油肉占为己有。第四位说：“苏武牧羊。”抢的自然是羊肉。第五六位分别说“朱元璋杀牛”和“刘备种菜”。徐文长眼看桌子中央没有菜馔了，便笑着说：“秦始皇并吞六国。”把六个人的菜全部搬到自己面前，不慌不忙地吃，六人只好瞪着眼干咽唾沫。此事显然跟徐文长无关。试想：明朝的人谁敢公开提起太祖武皇帝杀牛的事儿？但这种酒令倒是“别出心裁”的。

舌下涛飞山走

笑话类酒令并无定则，谁都能编着说，只要逗人忍俊不禁而自己若无其事就算成功。其与一般笑话不同之处仅在于：取材上虽海阔天空而须与眼前事物联系，虽上下千年而应与当时人事映合。换句话说，只此一笑，第二、第三次再说就不笑了。因为这种笑话随编随说，往往出人意外，才博哄堂大笑，以后就不算出人意外了。

“说笑话令”是在酒逢知己千杯少的情况下最奏效，开个玩笑别人都能接受。如《桃花扇》第五出《访翠》中柳敬亭在卞玉京家说的笑话，用软壶子来讽刺南明权臣阮胡子阮大铖，说哄啷一声，黄庭坚把壶子打得粉碎。自然大家都会舒心地一笑。《红楼梦》中贾环、王仁等酒肉朋友行的酒令自当别论，不过邢大舅编笑话骂贾蔷者，却连挨骂者都忍不住笑了。邢大舅说，玄帝庙里失窃，叫土地菩萨查访。土地认为风水不好，并指出玄帝背后的两扇红门不谨慎，建议砌墙。可庙里香火冷落，没钱打墙，神将们也一筹莫展。玄帝脚下的龟将军愿意晚间用肚皮挡住后门。岂知过几天又丢了东西，便叫来土地质问。土地说这墙砌得不结实。用手一摸，道："我打量是真墙，哪里知道是个'假墙'!"最后二字与贾蔷谐音，自能逗笑。

在"话不投机半句多"的场合，或者主人悭吝时，有一种逐客令和反逐客令。唐代令狐绹和张祜的"上水船令"还没有到驱逐、反驱逐的地步，只不过主人暗示客人不受欢迎而已。而明代江盈科《雪涛谐史》所载的笑话倒已"剑拔弩张"了。此故事讲一主人请客，客人赖着不走，饮无止嚼。主人便讲一寓言说，有个卖瓷瓶的货郎途遇老虎，用瓶投虎，瓶投光，止剩一瓶在手，便对老虎说："你这坏蛋，起身也是这一瓶，不起身也是这一瓶!"客人也说一个笑话回敬。他说，从前观音诞辰，众神皆贺，吕洞宾迟到。观音说："这人酒色财气俱全，我不跟他见面!"洞宾反唇相讥："观音大士金容满月，色也；净瓶在旁，酒也；八宝璎珞，财也；嘘吸成云，气也。为何光说贫道?"观音大怒，用瓶掷吕纯阳。吕笑道："大士莫急，这一瓶打（发）我不走，还须儿瓶呢!"客人的双关笑话很显然地表白了反逐客的态度，但脸皮也够厚了。当然，请客或留客吃酒，犯不着逐客，但以此限制客人滥饮，采用此种酒令比较委婉。

主人起舞客齐歌

技艺类酒令包括演奏乐器、歌舞、度曲、弹词、评话、魔术、仿声、杂技、拗技、怪饮等，包罗各种表演艺术。但有一点必须说明：表演者必须是座中饮酒者，才算酒令。若酒席主宾是观众，如中世纪的燕乐（宴乐）那样，就不算酒令了。否则，酒令成了表演艺术的代名词了。

技艺类的各种酒令形式可以穿插进行，各擅所长，各效其技，方始快乐。如《桃花扇》中侯方域、李香君、李贞丽、苏昆生、柳敬亭等人小酌，显然侯诵诗，苏奏乐，柳弹词或说书，因评话、弹词时间较长，故改作笑话讽刺“阮胡子”了。

魔术、杂技也应小型、简易，且与饮酒有关。如《神仙传》所载孔元方年事很高，却一手拄拐杖作竖蜻蜓，一手持杯“倒饮”的杂技。这种杂技缺乏大众化，此处不过举个例子而已，很难效法。

仿形、仿声的酒令如“摇船令”、“钟声令”、“打更放炮令”等。其中“放炮”是令官突然用一筷随意指一人，被指的人应立即学炮声轰然，其左邻座者急忙用左手掩右耳，其右邻座者急以右手掩左耳，炮不“响”或掩错耳朵者皆罚酒。

其实仿形、仿声中也包含拗技——违反生活习惯的动作。拗技如“五官搬家令”（又名“错里错”），假如令官问人：“眼睛在哪里?”应回答：“鼻子在这里。”同时手指耳朵或嘴巴或眉毛，若指眼、鼻则罚酒。令官对每人都连问三次，不得有误。还有“规矩令”：左手画圆，右手画方，同时并举，亦属“高难度”动作。

“云淡风轻令”和“一去二三里令”是依次诵诗或念数字，但必须递增其字或数。如令官说“一”；各人依次说“去”、“二”、“二”、“三”、“三”、“三”、……；直说到十个“十”，最后一人说“里”。少说一字或多说一字，说错者罚。“飞禽择木令”则各自报个树名（作酒底），令官宣称：“一只鸟儿飞到李树上去了。”认李树的人急忙应：“飞往杏树上去了。”认杏树的人要立即让“鸟儿”再飞往它树。迟误者要罚。还有“哑乐令”是做击鼓、挂鼓等手势。这些都是测试各人反应是否敏捷。

“独行令”是仿效令官做“绝技”，如舌头自舐鼻子等。

最容易、也是最难的一种拗技是“泥塑令”。令官一旦宣布“土偶术雕”，合席不得说话，不得略动，连脸上皮肉也不可抖一抖，眼皮也不能眨一眨。以燃纸媒二寸为度，有谁忍不住扑哧一笑，或眼珠斜一斜，到时令官一“算账”一罚一杯。当然，令官须严密监察，故不在泥塑之列。如若某人发出笑声，导致合座“嗤嗤”有声，则罚肇事者大杯。

分曹射覆蜡灯红

行令的辅助用具很多。一般把决一雌雄的双手两掌十指也归入“辅具”，因为它是“辅具”的“辅具”，没有它，许多筹令无法施行。当然，这跟锻炼敏捷的手势拗技不同。

徒手决胜或许起自唐代皇甫松所作的“招手令”，手掌称为虎膺，手指叫松根，五指分别称为蹲鸱，钩戟、玉柱、潜虬、奇兵，手腕称路，五指竖起通呼为五峰（《类说》）。五代史宏肇等也行过“手势令”。后世豁拳（亦称拇战）即本于此。纯粹的豁拳有擂台令、霸王拳、五毒令、抬轿令、五行生勉令等许多种。鉴于这种办法形同呼卢，高声喧哗，且易导致滥罚暴饮，故不宜单行，应配合其他筹令施行。类似的，借用杯筷的“筷落饮酒令”和“拍七令”等法，拍桌弄盏，易打翻酒馔，亦不宜多用。

酒令辅具的功能，除博胜外，更重要的是指鹄和卜位，以决定谁饮酒或谁接令。

指鹄的有酒胡子和数钱令。所谓酒胡子，是一种上钝下锐的小木偶，放在盘中像醉鬼一样摇摇晃晃，最后倒向何方，这一方位上的人就得饮酒，似乎类似小孩玩的陀螺。明代还出现过比木偶更高级的机器人之类的酒胡子（《桐阴清话》）。酒胡子不易制作，故改用数钱令。即把一叠钱币矗叠盘中，随手揭去几枚，视“宝”字所向者饮（古币往往有“××通宝”字样围作一圈铸在钱币上）。两者结合起来也可以，只需一根火柴，卷上一些小纸片，插紧在铜钱孔中，火柴头露出部短于梗部露出部，用手一旋，落在桌上，这玩意儿便会旋转不休，直到摩擦力矩使它停下来，倒向何方，或“宝”字在何方，均可指鹄。

卜位的有枚、骰、花、筷子、牙牌等。最古的是藏钩，据说汉武帝句弋夫人手拳曲，只有武帝才能扳开，当时之人效法她，作藏钩游戏。妇女每月逢九，置酒待月，行此游戏（《采兰杂志》）。晋周处《风土记》谓藏钩分二曹（甲乙二队）决胜负。后世的猜枚，或握松子，或握莲子，以猜几枚。元姚文奂诗云：“剥将莲子猜拳子，玉手双开不赌空。”即是藏钩之遗法。有一种“渔翁下网令”亦属猜枚，不过是座客充当“鱼”以添乐趣：一为鲥，二为鲭，三为鲤，四为鳜。座客随意握几枚松子或棋子，不超过四枚。事先卜定的“渔翁”先饮一杯“撒网”，若声称捕得“鲤鱼”，则凡握三子者各饮一杯而“退上岸”（不再属被“钓”之列）。“渔翁”再钓其他“鱼”。倘使一“网”全空，罚渔翁一杯；倘使一“网”打尽，则各饮一杯，亦贺“渔翁”一杯。

“猜花令”、“揭彩令”属射覆一类。大抵覆杯于盘，暗藏一花或一骰，分二曹进行，若上曹藏，则下曹猜，反之亦然。

唯有“神仙过海令”、“摸海令”较复杂些。此二法采用牙牌一副，藏四张作为四“海”，其余均分给各人，然后从令官起挨此问牌，问到某牌之持有者，将此牌仰面于桌，成了一对就算“过海”，若各家俱无此牌，则请已过海的人“探海”，问者饮杯。今牙牌已没有，也有采用扑克代替的。

采用筷子者是“点戏令”。令官把戏名写在纸条上，扣在碗内。座客各报角色：生、旦、净、丑、末。当然昆曲的角色很多，超过五人时可报贴旦、作旦、刺杀旦、杂、外等。令官点的若是《浣纱记》，若报范蠡，则认正生的人喊声：“到!”将筷子放在杯子上。

若报西施、勾践，伯嚭，则认正旦，小生、丑的人依法应声架筷。该应不应，不该应而应者，均须罚饮。因预先不知戏名或有人不熟悉某戏，故而比较有趣。

“羯鼓催花令”和“红旗报捷令”都是让一人躲在屏风背后击鼓，自令官起开始传递一样小东西：前者是花枝，后者是火棍。传花从脑后传，传火则前面传。鼓声若止，花（或火）在手者饮酒或行一个令以代饮酒。花（火）落地，若逢鼓停，则由令官裁决是谁的责任。当然也可传递手帕之类东西，但要注意卫生。

纯用掷骰的有“福禄寿令”、“状元游街令”、“朱窝令”等许多种，还有专门的著作《南村觞政》等，但古以筹为雅，骰为俗，且骰为赌具，除数学概率中用作入门例子外，别无所善，故不宜作酒令的纯粹手段。

行杯莫厌转筹频

酒筹是行令中最重要的辅具。《坚瓠集》说，古人饮酒击博，制五寸牙箭若干，箭头刻鹤形，称“六鹤齐飞”。后发展为牙筹。晋嵇含《南方草木状》言：“越王竹，……南人爱其青色，用为酒筹。”筹，算也。最初的酒筹用以记录杯数，所以连花枝也可作酒筹。后来的酒筹则不然，为能事先刻书文字，必须做成竹签的形状，至于用什么竹，倒不必太讲究。

最简单的是刻上八卦，让人辨认是什么卦。进一步的是涂上红绿色，写上各种意思的句子，插在筒中供人抽拈，按筹上的意思该什么样的人物饮酒或什么情况下饮酒，是为“觥筹交错令”。若要风雅些，则刻唐诗句、古人姓名、人名品藻、花名月旦（品评）、人物谱、酒名等，称之为唐诗酒筹、名贤故事筹、无双酒谱、饮中八仙筹、寻花令、金带围令、花风令等。其中更有趣味的是水浒酒筹、红楼人镜、西厢酒筹、酒国长春令等。如有一种《红楼人镜》，凡六十四枝，六十四个红楼梦人物，每人名下按其在小说中的表现贯《西厢》曲句，并注饮法：

林黛玉多半是相思泪（宝玉代饮一杯。善琴者、惜花者、烧香炉者、二月生者，各饮一杯）

薛宝钗大人家举止端详（与宝玉饮合卺酒一杯。谈家务者，熟由文者，体丰者，各饮一杯）

史湘云绿纱便是宽绣榻（合席打通关）

薛宝琴猜诗谜的杜家（做谜令宝玉猜，不中者罚。服新衣者，未娶者，各饮一杯）

丰儿我独在窗儿外，几曾敢轻咳嗽（默坐不语者饮）

傻大姐小孩儿口没遮拦（有打听新闻、说新闻者饮一杯）

……

若须用豁拳或其他方法辅佐，到时“短兵相接”，或者较多地穿插其他各种溉令的，有访西施令、访莺莺令、访黛玉令、寻唐僧令、合纵伐秦令、捉曹操令等。当然，文用文法（雅令），武用武法（豁拳等通令）。顾名思义，“寻唐僧令”所刻酒筹上定是师徒四众、牛魔王、铁扇公主、红孩儿、金钱豹等。“合纵伐秦令”酒筹上定是各国国君、将相，而秦将比任何一国多一倍，可想而知，阵容浩大，宜三四十人酒席之用。

捉曹操酒令只要十二个人就足够了。酒筹或折纸片上写上：曹操、诸葛亮、关张赵马黄五虎将、许褚、典韦、张辽、夏侯惇、夏侯渊。拈得诸葛者先站起来亮相，点兵点将，若点赵云，则拈得赵云者起立“捉”曹。此时拈得曹操者须镇定自若，不可慌张。赵云若“捉”到蜀将，则罚一杯，算失格，让此蜀将再“捉”。若“捉”到曹营之将，就要猜拳以决胜负，输者罚饮。此令有一规定，若遇许褚，要决十二拳，遇典韦九拳，张辽七拳，夏侯五拳；而张飞遇夏侯惇，马超遇许褚，黄忠遇夏侯渊，“冤家狭路”，要加倍猜拳；唯关羽与张辽相遇，本是故人，须对饮一杯，免去豁拳。决过胜负后，仍由此将捉曹，如法递行，直到曹操被擒。此时曹操满饮三杯完令。若第一个蜀将一捉就获，曹操须饮五杯。如人数再多些，可增设魏延、马岱、廖化、徐晃、曹仁、曹洪等。郑逸梅《三国闲话》指出，若增添一个夏侯杰，则更有趣，因为喝断灞桥的张飞一旦捉到他，不用决拳，夏侯杰必定罚酒。

青山缺处酒人行

清代旗人喜欢行一种称为“射鹄”的酒令，跟欧阳修《归田录》中记载的九射格差不多，是一种筹、图并用的酒令。而九射格主要借助于一张画有九种动物的“射侯图”。其中熊居中央，为大侯，周围一圈为八侯：虎上鹿下，兔左雉右，雁、雕居于左右两肩，鱼、猿居于左右两足。并把这九种动物写在酒筹上，每物可事先写二三筹，以备酒客众多时用。先行探筹，然后轮流射侯。射中某物，握有某筹者饮酒。射的方法不详。

清代吴陈琰的《揽胜图》是骰、图并用的酒令。因一骰最多六点，所以适用于六个人饮酒的场合。预先画好一张风景名胜“导游图”，当作“棋盘”。行令前各掷定码：么为渔父，二为道士，三为剑侠，四为美人，五为和尚，六为文士。第二次再掷赏筹，若渔父再掷么，道士再掷二，就得本彩，可以拿一根免酒筹。但赏筹只有四根，有四个人掷得后，其余二人再掷出本彩也没有用了。“起码”后“齐集”劳劳山亭，统统饮一杯以示饯别。然后挨次掷骰，掷出几点就走几步，譬如剑侠掷六点，他就一下子到了滕王阁。如果二人同至一个风景处，要看是什么人、什么风景而定饮罚，如文士美人在浣纱溪相会，则各饮一杯。有些风景处，对某人来说必饮，对某人来说免饮。如剑侠到剑阁必须饮一杯，到易水饮一杯。这是因为宋代杨亿有“自帝仓空蛙在井，青天路险剑为峰”之句，剑侠没有“飞”过去，所以该饮一杯以示惩罚。而“易水萧萧西风冷，满座衣冠如雪”，正是燕国壮士荆轲出发之际，剑侠在此饮一杯，以壮行色。美人到桃叶渡、章台等与古代美人事迹相关的地方就得饮一杯以示“纪念”，桃叶乃晋王献之之妾；《章台柳》乃唐韩怀念情人柳氏的诗歌。但庐山是匡氏结庐的地方，与美人无关，因而美人到此无需饮酒。掷到“雪拥蓝关（马不前）”，因为连唐代韩文公韩愈都受阻，别人就更“不用说”了，都得饮一杯。

显然，“越”过规定饮酒的地方就无须饮罚。有些风景区，如滹沱河、天台、太湖等，不管停“步”也好，走过也好，都没事儿。试想，光武帝冰渡滹沱河，跟你有什么关系？但也有个地方——井陉有些别致，如果先有一个人占了“客栈”，别人无法“下榻”，就只许通过不许“停宿”，若掷到此处，就只好饮一杯再退回原位“休歇”。

还有个销魂桥，不论何人到此，都得等候美人相会；若美人先已过去，则不用等了，掷吧！

图中有三处标有数字的路，其走法各有不同。在羊肠道二十六步中，必须一个一个挨次通过，不许并行或超越，否则罚一杯。唯有剑侠善超腾，特许超越，但也不许跟别人并辔同行。走到九嶷山停“步”不前，似乎有迟疑之意，就得饮酒；但若已“走”进山路就不饮了；而渔父路熟，毫无“迷津”可难住他，因此可径直进到桃源，既不用饮酒，也不必停步。九折坂中不许掷出一点，一旦掷出么点就得罚一杯退回原位。九折坂前面的陈仓，鉴于樊哙明修栈道，韩信暗度陈仓，“游人”过此也得学一学韩信出奇制胜的办法，只许暗度，不许逗留，点掷到者罚两杯退回原位，否则，三秦之王就要“警觉”了。

谁先到最后一站“观止”，谁就算第一名，先饮一杯洗尘酒。最后到者罚一大觥，便算收令。

玩这种图可重温名胜典故，在巡览中获得雅趣。如若要调整地理方位，可以重新设计。只不过说明文字总得注写在图中央或各个风景点旁边，造成图面之庞大是不可避免的。如果置于酒席之上，连菜馔也没地方安放了；若放在旁边的空桌子上，则大家不停顿地站起来又坐下去，川流不息。这就是酒图唯一的缺点。倘使能有一个不饮酒的人“代步”代劳，大家只要回头看看图，就可免得走来走去。

酒图还有升官图、《南村觞政》、《陈氏日恰恰斋觞政图》等。前者内容太俗；后二者酒气太重，尽是些跟酒有关的地名、人名，花样繁多，行掷复杂，几令人真地钻进酒地花天。莫说行令，叫你看一遍“说明书”也已经“醉”得眼花缭乱了。

一曲新词酒一杯

自先秦至民国，酒令内容都取材于经史子集、诗词曲赋、尔雅博物。随着书面语的白话化，文言和中古白话已无法作为酒令文字而为大多数酒人所接受，大多数酒令就失去生存力，无法施行。其实，只要善于推陈出新，酒令作为一种宴席助兴手段还是有意思的。

酒具的变革其实易似反掌：扑克代替纸牌九，麻将代替牙牌，香烟代替纸媒。字体、读音、合辙的变异也很自然。唯独经史子集语句、古人姓名、历史地名、词调曲牌名等，要着意变换。

举个例子说，《西厢记》、《牡丹亭》曲句可换成地方戏唱腔。弹词可换作评弹。这易为接受，少长咸宜，男女共乐。且戏曲剧种繁多，“东柳西梆南昆北弋”之外，近代戏种更多，随人所擅，不拘一格。譬如行“数目诗令”，用数字飞觞，令官若规定唱代表性的剧种和该剧第一个得名者的唱腔，那么，如唱《穆桂英挂帅》就得豫剧马金凤，而不可用吕剧郎咸芬或越剧吕瑞英。如出令唱梅兰芳“苏三离了洪洞县，将身来在大街前”，则“三”字飞觞到以下第二人。此人若唱小白玉霜“我们二人成亲整十年”，觞就飞到以下第三第八两位。两人饮了酒，公推一个还令，唱：“谁料想我五十三岁又管三军哪!”于是一飞四人。如此仿推行令，不亦乐乎？倘使令官规定不得男扮女装、少长无序，那么，老太太只好唱老旦，姑娘们则只好唱花旦。这样的规定也有好处，尤其在没有乐器伴奏或定音笛、钢琴的情况下，不至于唱到“高不可攀”而降八度唱。当然，用歌曲来飞觞也未尝不可。为世人所稔读的散文名篇或小说名段也不妨一试。

推而想之，采用影视戏剧、通俗文学中的人名、剧名、书名来替代古人姓名、词牌曲牌名，也可救活不少酒令。其实，古人姓名如三国人名，西游记神仙妖魔，水浒一百零八将等，总是不成问题的。

然而，为了增长文史、博物知识，也不能一味迁就，全盘从俗。何况新和俗，古与雅之间不能划等号。

如若创造内容、形式完全新颖的酒令，那当然是一件好事。不少知识竞赛题可资启发，如把一首诗词打成“碎琼乱玉”，收拾后再行朗诵，颇能锤炼记忆力，如：

青山山外汴州，歌熏舞醉杭州。楼外暖，西风休。几人得，直把湖楼时作游。

打碎的显然是林升的七绝。漏几个字罚一杯？可以商酌。

总之，生活是海洋，知识是天地，容得酒令世世代代新陈代谢。

第六章

词语联缀

词语联缀，即用词语缀字成文，组成字句篇章，使句与句、节与节、章与章之间蝉联巧接，既有文学性又有情趣性，是一种富有一定意义的文字游戏。

所谓蝉联巧接，就是采用修辞的顶真辞格，即用前一句的结尾来做后一句的起头，使邻接的句子头尾蝉联而有上递下接的趣味。如：来者不善，善者不来。天时不如地利，地利不如人和。

词语联缀，使句子和文章的结构、感情自然衔接，造成蝉联递接，意味无穷的艺术效果。在诗歌中运用，成为诗意过渡的桥梁和感情发展的纽带，增强了抒情的韵味。

词语联缀作为一种有意义的文字游戏，可以提高人们选词遣句的技巧，也是锤字炼句的好方法。就同体育锻炼一样，各种词语联缀游戏也是一种智力游戏，可以使人才思敏捷，既丰富人们的精神文化生活，又有益于人们的身心健康。

词语联缀的形式多种多样，每一种形式都有它的特点和技巧。每一种形式之间，既有迥然不同之处，也有俨然相似之点。按形式的不同，有循环联缀、连环联缀、拆字联缀、叠词联缀、联珠联缀、辘轳联缀、回文联缀等。按种类的区别，有成语联缀、谚语名句联缀、对联联缀、诗词联缀和其他文体联缀等。

古往今来，在民间广泛流传着许多有关词语联缀方面的趣闻轶事。近年来，作为一种智力游戏，词语联缀在群众性文化娱乐活动中也广为采用，花样翻新的各种词语联缀游戏，深浅成趣，雅俗共赏。

循环联缀

循环联缀，是一种别致的词语联缀形式。这种形式既要求邻接句子的首尾蝉联，又要求整个篇章的首尾顶接，使全篇句句蝉联，循环无端。如清人华广生写的《白雪遗音·桃花冷落》就是典型的循环联缀：

桃花冷落被风飘，飘落残花过小桥。
桥下金鱼双戏水，水边小鸟理新毛。
毛衣未湿黄梅雨，雨滴红梨分外娇。
娇姿常伴垂杨柳，柳外双飞紫燕高。
高阁佳人吹玉笛，笛边鸾线挂丝绦。
绦结玲珑香佛手，手中有扇望河潮。
潮平西岸风帆稳，稳坐舟中且慢摇。
摇入西河天将晚，晚窗寂寞叹无聊。
聊推纱窗观冷落，落云渺渺被水敲。
敲门借问天台路，路过西河有断桥。
桥边种碧桃。

这首循环联缀曲，娓娓诉来，优雅处似含幽怨，闲散中不无寂寥。曲文自始至终句句蝉联，末尾一句“桥边种碧桃”绕接首句“桃花冷落被风飘”全曲往复吟诵，循环无端。

还有一种循环联缀，不是字的蝉联，而是词组的重叠蝉联，如明代徐有贞《忆秦娥·中秋月》：

中秋月。月到中秋偏皎洁。偏皎洁，知他多少，阴晴圆缺。阴晴圆缺都休说，且喜人间好时节。好时节，愿得年年，常见中秋月。

苏东坡“人有悲欢离合，月有阴晴圆缺”的中秋词使“余词尽废”（《苕溪渔隐丛话》后集卷三十九），徐有贞的《忆秦娥》虽然不是中秋词佳作，但他善于运用文字技巧，恰到好处地重叠词组，使人不觉得堆砌生硬。这首词用“中秋月”、“偏皎洁”、“阴晴圆缺”、“好时节”四个词组相叠蝉联，词的末尾一句“常见中秋月”绕接词的首句“中秋月”，形成整首词的循环联缀，既工巧又蕴情趣。

拆字联缀

拆字联缀，是利用汉字的结构特点，将上下结构或左右结构的字拆开后取其中一个部分，作为邻接句子的首字，即下句的句首字是上句的句尾字的一部分，也就是说，下句的句首字藏身在上句的句尾字之中。所以，有些拆字联缀也称藏头拆字联缀。唐朝大诗人白居易首创藏头拆字体。他的《游紫霄宫》便是一例：

水洗尘埃道未甞，旨于名利两相忘。
心怀六洞丹霞客，口诵三清紫府章。
十里采莲歌达旦，一轮明月桂飘香。
日高公子还相觅，见得山中好酒浆。

这首七律，藏头拆字，不露痕迹，可见作者的文字功力。浆取水，甞取旨，忘取心，客取日，章取十，旦取一，香取日，觅取见，全诗既流畅又自然，是拆字联缀中的代表。

唐宋诗人皮日休和陆龟蒙也作过一些拆字诗，如陆龟蒙的《闲居杂题·鸣蜩早》：

闲来倚杖柴门口，鸟下深枝啄晚虫。
周步一池销半日，十年听此鬓如蓬。

这首诗描述诗人晚年闲居村舍的寂寞生活，诗的题目“鸣蜩早”每一个字被一分为二拆开成为“口、鸟、虫、周、日、十”六个字，安排在诗句的首尾，浑然一体，恰到好处。诗人皮日休著有《奉和鲁望闲居杂题·晚秋吟》（鲁望，即陆龟蒙，是皮日休的好友），也是一首令人玩味的拆字诗：

东皋烟雨归耕日，免去云冠手刈禾。

火满酒炉诗在口，今人无计奈侬何。

皮日休的这首诗，也将题目“晚秋吟”拆开为“日、免、禾、火、口、今”六个字，分别镶嵌在四句诗的首尾。这种将诗的题目拆字入诗与白居易的藏头拆字体有异曲同工之美。

拆字体联缀不但有诗，而且有词，如明代徐有贞有一首拆字联缀词《玉连环·临江仙别体》：

心绪悠悠随碧浪，良宵空锁长亭，丁香暗结意中情。月斜门半掩，才听断钟聲。耳畔盟言非草草，十年一梦堪驚。马蹄何日到神京？小桥松径密，山远路难凴。

这首词描写一位痴宿满怀盼望丈夫归来的妇女的眷恋缠绵心情。作者巧妙地采用藏头拆字联缀，细细品味，甚觉有趣。这里的拆字方法，有上下结构取下半个字的，如：凴取心，亭取丁，聲取耳，草取十，驚取马，京取小，密取山。也有左右结构取半边字的，如：浪取良，掩取才，情取月。

今人蔡丽水著有《自序回旋诗》，是回文诗体，顺读倒诵，可以吟成数首诗，其中有一首七律为藏头拆字联缀，也值得称道：

雕虫小技未足奇，可以陶情兼解颐。

页页回文能倒读，言言古句比羞卑。

十全难得自安慰，寸隙莫虚固有思。

心感诸贤相语勗，助余代序尽佳词。

这首诗讲述回文诗虽然属雕虫小技，但仍然能使人陶情解颐。全诗拆字蝉联，和谐自然，奇取可，颐取页，讀取言，卑取十，慰取寸，思取心，勗取助。字字入诗，让人品味把玩。

杭州杨一擎也有一首拆字联缀词《连环蝶恋花·寄霞士》：

赋就新词先到鲁，鱼雁应沾，点点江南雨。霞士《龙吟》曾寄语："吾诗欲画西湖路。"各数前书千万句，苟似长河，何及常相聚。衆事全凭风驾驭，怪山也可辞东武。

霞士即陈慧星，上海师范大学教授，浙江绍兴人，曾在山东大学任教，故有"赋就新词先到鲁"之句。他写的《水龙吟》中有"题诗入画，西湖路上，署无名氏。"词中说的怪山，指绍兴城关镇南的怪山，据《水经注》载，此山自山东瑯玡郡飞来。杨一擎的这首《连环蝶恋花》用了多种拆字，除了藏头拆字以外，还有添字法和添字与拆字相结合两种方法，如：雨添叚为"霞"；句添艹为"苟"；聚取乑，然后添血为"衆"；沾取占，然后添水为"点"。可以说，这是文字游戏，也是文字技巧的体现，比一般诗词的写作难度要大。

辘轳联缀

辘轳联缀，指诗词联缀的每一长句经过适当调度，既可顺读，又能倒诵，全文像辘轳一样连轴转动，也是一种饶有趣味的联缀体。

清代女诗人吴绛雪写了一首十言诗，描述春夏秋冬四季景色，颇有文字游戏味道：

莺啼岸柳弄春晴夜月明，
香莲碧水动风凉夏日长。
秋江楚雁宿沙洲浅水流，
红炉透炭炙寒风御隆冬。

这首四景十言诗构思巧妙，顺读倒吟皆成章句，称为辘轳联缀，也是辘轳回文体，分别可以读成四首七绝：

其一：

莺啼岸柳弄春晴，柳弄春晴夜月明。
明月夜晴春弄柳，晴春弄柳岸啼莺。

其二：

香莲碧水动风凉，水动风凉夏日长。
长日夏凉风动水，凉风动水碧莲香。

其三：

秋江楚雁宿沙洲，雁宿沙洲浅水流。
流水浅洲沙宿雁，洲沙宿雁楚江秋。

其四：

红炉透炭炙寒风，炭炙寒风御隆冬。
冬隆御风寒炙炭，风寒炙炭透炉红。

这四首七绝，像辘轳连转，回环吟诵，趣味盎然。苏州评弹开篇《莺莺操琴》开句就选用了第二首，音调铿锵，十分动听。

连环联缀

连环联缀，是指节与节、章与章之间的蝉联，使全篇节节相扣，环环相连。诗经《大雅·既醉》篇就有连环联缀的雏形，但尚不完整。宋代王安石的《忆金陵三首》是连环联缀的代表作：

其一：

覆舟山下龙光寺，玄武湖畔玉龙堂。
相见旧时游历处，烟云渺渺水茫茫。

其二：

烟云渺渺水茫茫，缭绕芜城一带长。
蒿目黄尘忧世事，追思尘迹故难忘。

其三：

追思尘迹故难忘，翠木苍藤水一方。
闻说精庐今更好，好随残汴理归艎。

“烟云渺渺水茫茫”和“追思尘迹故难忘”二句分别成为三首诗之间的联缀句，使全诗感情连贯，情趣别生。

金人张予羽也有连环联缀诗四首，揖录如下，供玩赏：

其一：

披衣开户几宵兴，永夜无眠魂九升。
坐觉飞霜明瓦屋，天如寒鉴月如水。

其二：

天如寒鉴月如水，僵卧家僮唤不应。
却忆少年游太学，萧然独对短檠灯。

其三：

萧然独对短檠灯，引睡翻书晚几曾。
自笑年来忧患熟，跏趺真作坐禅僧。

其四：

跏趺真作坐禅僧，不学窗间故纸绳。
湛若琉璃含宝月，此中无减亦无增。

这首诗描述一位彻夜无眠，对灯翻书，临窗遐思的诗人，作者用“天如寒鉴月如水”、“萧然独对短檠灯”、“跏趺真作坐禅僧”三句把四首诗蝉联在一起，首首相接，连环联缀。

无独有偶，将军兼诗人的陈毅，也有一首诗歌采用连环联缀形式，题目是《示儿女》：

此身常想向天游，无奈双脚被地留。
踊跃奔驰离不得，九州万国共一球。
九州万国共一球，东方自在西方囚。
安得一夜似电变，人间净化塑琼州。
人间净化塑琼州，万方亿兆喜心头。
应知人定胜天定，看我中华跃上游。
看我中华跃上游，革故鼎新事事侔。
共产主义飞天外，万国岂必共一球。
万国岂必共一球，太阳之外太阳稠。
谁能给我新世界？宇宙红光照上头。

宇宙红光照上头，理想现实两相投。

不要空言不事事，不要近视无远谋。

《示儿女》由于连环联缀，使节与节形成连锁关系，由此增加了诗的声律美，加强了诗的节奏感。

还有曹植的《赠白马王彪》也是一例连环联缀，整首诗分别用“玄黄”、“踟蹰”、“太息”、“心悲”、“辛苦”几个词将备章相互顶接，使诗意环环紧扣。

联珠联缀

元人乔吉写的一首散曲［越调］《小桃红·效联珠格》，每句首尾顶真，像两颗珠珠串结在一起，给人一种玲珑剔透的美感：

落花飞絮隔朱帘，帘静重门掩。掩镜羞着脸儿婆。婆眉尖，眉尖指屈归期念。念他抛闪，闪咱少欠，欠你病恹恹。

另有一首同样曲牌的《小桃红·别忆》，是元代无名氏写的，用联珠格将全曲蝉联，如贯珠：

断肠人寄断肠词，词写心间事，事到头来不由自。自寻思，思量往日真诚志。志诚是有，有情谁似，似俺那人儿。

这种散曲中少见的巧体，又称顶真续麻体。联珠联缀在其他诗词中也偶有所见，如白居易的《长恨歌》：“……忽闻海上有仙山，山在虚无缥缈间……临别殷勤重寄词，词中有誓两心知。”宋代浙江松阳人张玉娘著有《兰雪集》，其中有一首《采莲曲》，也是一首联珠联缀体：

女儿采莲拽画船，船拽水动波摇天。

春风笑隔荷花面，面对荷花更可怜。

前面已经提到的《白雪遗音·桃花冷落》更是地地道道的联珠联缀，全篇句句蝉联，既工巧又完整。

在酒令中也偶见这种联珠联缀，如：

一掷一点红，红梅花对白梅花。
二掷并头莲，莲漪戏彩鸳。
三掷三春李，李下不整冠。
四掷状元红，红紫不以为亵服。
五掷梅花，花里遇神仙。
六掷满天孚，星辰冷落碧潭水。

这种酒令，规定行令时顺着数数去，遇点的要个花名，花名要与下句形成联珠联缀，而这一句不拘诗词歌赋都可以。

叠词联缀

叠词联缀，又称借字体，即前后两句的词或词组互相借用形成蝉联顶接。这种形式早在《诗经》中就有出现，如《王风·. 丘中有麻》：

丘中有麻，彼留子嗟。
彼留子嗟，将其来施。
丘中有麦，彼留子国。
彼留子国，将其来食。
丘中有李，彼留之子。
彼留之子，贻我佩玖。

汉代崔义的门人所作的《平陵东》，用的也是叠词联缀：

平陵东，松柏桐，不知何人劫义公。
劫义公，高堂下，交钱百万两走马。
两走马，亦诚难，顾见追吏心中恻。
心中恻，血出漉，归告我家卖黄犊。

《平陵东》是汉乐府相和歌曲，流传在民间，格式要求三四句之间，六七句之间，九十句之间有顶真蝉联关系，具有浓郁的民歌风味。

三国时期魏国的曹植也有一首游仙诗《平陵东》：

阊阖开，天衢道，被我羽衣乘飞龙。
乘飞龙，与仙期，东上蓬莱采灵芝。
灵芝采之可服食，年若王父无终期。

又如唐朝诗人李白的一首赠别诗，即送刘十六归山的《白云歌》，运用叠词联缀，重重叠叠，婉转回复：

楚山秦山皆白云，白云处处随君。长随君；君入楚山里，云亦随君渡湘水。湘水上，女罗衣，白云堪卧君早归。

南梁诗人沈约有一首忆友诗《拟青青河畔草》：

漠漠床上尘，中心忆故人。
故人不可忆，中夜长叹息。
叹息想容仪，不言长别离。
别离稍长之，空床寄杯酒。

《青青河畔草》是汉代古诗十九首中的一首，这首《拟青青河畔草》，就是仿照古诗十九首而写的。

东汉蔡邕的《饮马长城窟行》也有类似的联缀句：

青青河边草，绵绵思远道。
远道不可思，宿昔梦见之。
梦见在我旁，忽觉征他乡。
他乡各异县，展转不相见。

叠词联缀在诗词和文章中运用，使语气贯通，感情连绵，上下承递，层层进逼。元曲中常有这种形式，如马致远的《汉宫秋》第三折：

驾唱［梅花酒］：

他，他，他，伤心辞汉主；
我，我，我，携手上河梁。
他部从，入穷荒；

我銮舆，返咸阳。
返咸阳，过宫墙；
过宫墙，绕回廊；
绕回廊，近椒房；
近椒房，月昏黄；
月昏黄，夜生凉；
夜生凉，泣寒蛩；
泣寒蛩，绿纱窗；
绿纱窗，不思量。
[收江南] 呀！
不思量，除是铁心肠；
铁心肠，也愁泪滴千行。
美人图今夜挂昭阳，我那里供养，
便是我高烧银烛照红妆。

这样的曲子还可见于郑光祖的《㑳梅香》第一折：

正旦唱［哪吒令］

摇玎终玉声，蹴金莲步轻；
蹴金莲步轻，踏苍苔月明；
踏苍苔月明，浸凌波秣冷。

这些散阳，以叠词联缀形式推进感情，浓化感情，没有使人产生重复，堆砌的感觉。这种文字技巧常被古往今来的作者所采用，罗贯中在《三国演义》第四十五回，让东吴名将周瑜在群英会上引吭高歌：

丈夫处世兮立功名，立功名兮慰平生。
慰平生兮吾将醉，吾将醉兮发狂吟。

回文联缀

回文，是一种颇具文字技巧的文体。而回文联缀更使文章奇上加巧，不但顺吟倒读，而且句句蝉联，雅趣横溢。如梅窗的《阮郎归·元夕》：

皇州新景媚晴春，春晴媚景新。万家明月醉风清，清风醉月明。

人游乐，乐游人，游人乐太平。御楼神圣喜都民，民都喜圣神。

明代南山的回文《锦缠枝》，其中有二首回文联缀诗也甚是奇巧：

其一：

元宜桧竹松边水，水涧飞岩耸秀峦。
峦翠近居深处好，好音清玉漱泉寒。
……

其二：

元泉漱玉清音好，好处深居近翠峦。
峦秀耸岩飞涧水，水边松竹桧宜寒。

这后面四句是前面四句的倒诵，只是首尾“元、寒”二个字不变，句句都蝉联。

清朝诗人纳兰性德作的一首回文诗，也颇有意思，每一句都可倒诵，而不显生硬：

雾窗寒对遥天暮，暮天遥对寒窗雾。
花落正啼鸡，鸡啼正落花。
袖罗垂影瘦，瘦影垂罗袖。
风剪一丝红，红丝一剪风。

新加坡大学老校长潘受先生的一首描绘校园风光的回文词《菩萨蛮》也独具风味：

晓窗山闹枝啼鸟，鸟啼枝闹山窗晓。
云白莽氤氲，氤氲莽白云。
院边湖外馆，馆外湖边院。
松径一声钟，钟声一径松。

清丽静谧的校园风光尽在词文之中，令人醉心于此，情从中来。

新诗联缀

联缀体在新诗中也常见。新诗即自由体诗歌。采用词语联缀可以使诗歌产生特殊的效果。如当代著名诗人贺敬之的《三门峡—梳妆台》，是一首很有影响的新诗，他用拟人的手法，紧扣三门峡的治理，反映黄河这一中华民族的文化摇篮在新旧社会的巨大变化。写来气势磅礴，诗情奔放。这首诗就用了叠词联缀，读起来韵浓情深，如滔滔江水，滚滚而来。全诗如下：

望三门，三门开：

黄河东去不回来，
昆仑山高邙山矮。
禹王马蹄长青苔，
马去“门”开不见家。
门旁空留“梳妆台”，
梳妆台呵，千万载。
梳妆台上何人在？
乌云遮明镜，
黄水吞金钗。
但见那：辈辈艄工洒泪去，
却不见：黄河女儿梳妆来。
梳妆来呵，梳妆来！
—黄河女儿头发白，

挽断“白发三千丈”，
愁杀黄河万年灾！

登三门，向东海：

问我青春何时来？
何时来呵，何时来，
—盘古生我新一代！
举红旗，天地开，
史书万卷脚下踩。

昆仑山惊邙山呆：

展我治黄万里图，
先扎黄河腰中带——
神门平，鬼门削，
人门三声化尘埃！

这首诗用“梳妆台”、“梳妆来”、“何时来”、“我们来”等几个词组重叠连环章节，使全诗感情连贯，一气呵成。

著名诗人袁鹰的《井冈翠竹》也有一段脍炙人口的联缀诗：

竹叶烧了，还有竹枝；
竹枝断了，还有竹鞭；
竹鞭砍了，还有深深埋在
地下的竹根。

“竹叶、竹枝、竹鞭、竹根”在这段诗里叠词顶接，层层逼进，增强了革命力量“杀不尽，斩不绝”的主题。

古月的《草原春早》读起来明快流畅：

茵茵牧草绿山坡，山坡畜群似云朵。
云朵游动起笛声，笛声悠扬卷浪波。

吴伯箫的《歌声》中，也有富于韵味的联缀诗句：

声浪碰到群山，群山发出回响。
声浪越过延河，河水演出伴奏。

还有一幅油画《晨曲》的配画诗，也写得很别致抒情：

人影溶进了晨雾，
晨雾溶进了湖水，
湖水溶进了琴声，
而琴声把我带进了朦胧的早晨。

对联联缀

在对联中，有一种运用词语联缀形成的，人们称为“巧联”或“巧对”，由于它的“巧”，所以很受人们的喜爱。如明朝有一位才子叫解缙，少年时就聪明好学。八岁那年，他到南京金水河游玩，有人出联让他对，上联是：

金水河边金线柳，
金线柳穿金鱼口。

解缙很快就对出下联：

玉栏杆外玉簪花，
玉簪花插玉人头。

金水河边的垂柳，像根根金线，垂挂到盈盈水面，似乎快要穿到在水下游玩的金鱼嘴了；玉栏杆外，美丽的少女们正把像玉簪似的花朵插戴在头上。解缙的下联与上联对得天衣无缝，每一联的上下句是叠词联缀，自然和谐。

江南才子唐伯虎，有“点秋香”之艳闻。传说当年丞相为了测试这位卖身为奴的家僮有没有才学，就命他对对子。恰好，唐伯虎的好友祝枝山在场，祝枝山就当着丞相的面，代为出联，上联是：

十口心思，思国思家思社稷；

唐伯虎不假思索，随口对出下联：

八目尚赏，赏风赏月赏秋香。

这是一副拆字联缀对联。祝枝山把“思”字分为“十、口、心”三个部分；唐伯虎则把“赏”字分为“八、目、尚”三个部分。用“赏秋香”来对“思社稷”，既扣合准确，又影射唐伯虎自己屈居家僮的真实用意，可谓用心良苦，一箭双雕。

《聊斋志异·细柳》中细柳和高生夫妇俩感情甚笃，经常在一起对对子，有一天，高生出了上联，内嵌细柳的名字：

细柳何细哉：眉细、腰细、凌波细，且喜心思更细；

细柳一看心中甚喜，马上应对下联：

高郎诚高矣：品高、志高、文字高，但愿寿数尤高。

这是嵌字联缀对联，一副联中嵌进夫妇二人的名字，且首尾蝉联。

陈毅于1921年到四川乐至县家中过年，看到当地群众生活穷苦，激起了革命情怀，写下一副叠字对：

年难过，年难过，年年难过；

事必成，事必成，事事必成。

著名的无产阶级革命家郭亮，写了一副讽刺性很强的巧联，鞭挞旧社会的官老爷们吃喝玩乐，鱼肉百姓的丑行：

鱼所肉所麻将所，所内者甜，所外者苦；

猪公狗公乌龟公，公道何在，公理何存？

当代有两位著名诗人的一段巧接对联的趣事，一直被文坛传为佳话。1961年3月1日，诗人萧三到海南岛儋县参观，这里是我国热带作物的研究基地，他看到华南热带作物研究院和华南热带作物学院的师生们热气腾腾的学习生产场面，欣然命笔撰写对联，他写好了上联：

生产产诗歌，诗歌歌生产，热带作物区里作诗，诗情最热；

随即停了笔，没有续写下联，只是留下了一句话：“希望有后来高明者对下联。”无巧不成书，过了三天，郭沫若也来到这里参观，师生们热切希望他对下联，郭老欣然命笔写道：

劳动动教研，教研研劳动，红旗照耀光中施教，教益通红。

还有一些巧联，虽然已经变体，但读来很有趣味。如郑板桥到南京金山寺游览，寺里和尚见他衣着简朴，以为是个普通游客，沏上茶后，只说了声：“坐。茶。”后来，和尚看到这位游客十分专心地欣赏墙上的书画，揣摩着不是一般的俗客，便客气地招呼他：“请坐。泡茶。”当和尚得知来客是大画家郑板桥后，立即满脸堆笑，恭敬地说：“请上坐。泡好茶。”

临走时，恭恭敬敬地拿出纸笔请他题联。郑板桥毫不推辞，挥笔写下一副对联，令和尚啼笑皆非：

坐，请坐，请上坐；

茶，泡茶，泡好茶。

巧联中，还有一种巧而更巧的回文对，回环往复，皆可成联，如旧时北京城有两副回文对联：

客上天然居；居然天上客。

郎中王若伻；伻若王中郎。

“天然居”是当时北京城里一间茶社的名，“客上天然居”饮茶，优雅自如，“居然”似“天上客”。王若伻是当时的一位医生，医生即“郎中”，“中郎”为官名，这位医生大概颇有“官相”，所以，才有“伻若王中郎”之说。这副联，既是回文体，又是联珠体，还是循环体，句句巧接，首尾扣合。

这样的回文对，并不少见，如某大佛寺有一副简洁工巧的对联。“人过大佛寺，寺佛大过人”。杭州断桥也有一副与地名轶事扣合很紧的对联：“断桥桥不断；残雪雪不残”。浙江旅游胜地普陀山普济寺，有一副回文对联：

自在自观观自在；

如来如见见如来。

同样，在甘肃笑春山观月阙也有一副类似的回文对联：

月阙美观观月阙；

春山如笑笑春山。

另外，陕西莲湖公园奇园茶社的一副对联，嵌字回环联缀，别具一格：

奇乎？不奇，不奇亦奇；

园耶？是园，是园非园。

这副短短的对联，嵌进四个“奇园”茶社之名。

谚语名句联缀

词语联缀常见于格言警句和谚语，虽然只言片语，着墨不多，但是，语言美，意义深，广为群众传诵。

《老子》这部书中就有很多这样的句子，如：

信言不美，美言不信。

善者不多，多者不善。

善者不辩，辩者不善。

知者不博，博者不知。

知者弗言，言者弗知。

词语联缀在民间谚语中也不少，如：

好事不瞒人，瞒人没好事。

羊栏里不能留狼，狼窝里不能留羊。

财富并非朋友，朋友才是财富。

白的容易黑，黑的不易白。

名人名言里也常有联缀体出现，如郭沫若的“社会主义需要科学，科学更需要社会主义”；陶行知有一副自撰联：“千教万教，攀人求真；千学万学，学做真人”。

群众在日常生产劳动中，创造了许多联缀体词语，如：“草多欺苗，苗多欺草”，“粪肥了水，水肥了鱼，鱼肥了泥，泥肥了田”，“猪多肥多，肥多粮多，粮多猪多”。在革命年代也产生了一些联缀常用语，如："英雄面前无困难，困难之中出英雄"，"革命不怕死，怕死不革命"，"人不犯我，我不犯人；人若犯我，我必犯人"。

在谚语和名句的联缀中，有的是回文联缀，如："我为人人，人人为我"，还有一种比较常见的变体回文联缀，如："骄傲不进步，进步不骄傲"，只是在语序上稍作变动；另一种有趣的回文联缀，以每句的中间一个字为支点，两边是相同的词语，如："惺惺惜惺惺；好汉识好汉"、"恼一恼，老一老；笑一笑，少一少"。